本书系广东省教育科学"十三五"规划2018年度重点课题"小学数学
升途径与策略研究"（项目编号：2018ZQJK005）研究成果。

小学数学
新入职教师研修

崔文闰 / 主编

吉林人民出版社

图书在版编目（CIP）数据

积跬步以至千里：小学数学新入职教师研修 / 崔文
闰主编. — 长春：吉林人民出版社，2021.6

ISBN 978-7-206-18262-4

Ⅰ.①积… Ⅱ.①崔… Ⅲ.①小学数学课—小学教师
—师资培养—研究 Ⅳ.①G625.1

中国版本图书馆CIP数据核字（2021）第137810号

积跬步以至千里：小学数学新入职教师研修
JI KUIBU YI ZHI QIANLI：XIAOXUE SHUXUE XIN RUZHI JIAOSHI YANXIU

主　　编：崔文闰　　　　　　封面设计：姜　龙
责任编辑：赵梁爽
吉林人民出版社出版发行（长春市人民大街7548号　　邮政编码：130022）
印　　刷：北京政采印刷服务有限公司
开　　本：787mm×1092mm　　1/16
印　　张：11.5　　　　　　字　　数：207千字
标准书号：ISBN 978-7-206-18262-4
版　　次：2021年6月第1版　　印　　次：2021年6月第1次印刷
定　　价：45.00元

如发现印装质量问题，影响阅读，请与出版社联系调换。

编 委 会

  本书是广东省教育科研"十三五"规划2018年度重点课题"小学数学新入职教师专业素养提升路径与策略研究"的成果材料。书中的文稿基本体现了课题研究过程的内容、方法与结论。由于字数的限制，课题组还有很多过程性的成果没有放进书稿。即便如此，书稿中呈现的内容还是能有力说明研究结论的。

  本书分为四个章节。第一章第一节由崔文闯负责，第二节由吴丽、邵欣然负责；第二章第一节由崔婉婷负责，第二节由曾燕芳负责；第三章第一节由崔婉婷负责，第二节由曾燕芳负责，第三节由陈月玲、邓妙婷负责，第四节由柯育忠负责，第五节由区结容负责，第六节由周晓雯、杜家铭负责，第七节由谢丽芳负责，第八节由江腾旦负责；第四章由崔文闯负责。

  没有被采纳的文稿实际上也是非常优秀的，其中包括文献综述、研究报告和教师研修情境案例等。由于本书篇幅有限，这些文稿只能做成文册，供一线教师阅读。因此，鸣谢在本书编写过程中提供过资源和素材的老师们，他们是：陈杰仁、陈连弟、陈永胜、陈幼玲、何育仪、黄海珠、黄晓如、黄雪芳、赖伟婷、李江英、李少灵、李旋、李璇、梁洁、林露斯、刘嘉星、马晓莹、苏艳勤、吴贤炯、叶诗滢、张美琳、张思吉、张雯雯、张杏媚、郑梦仙。（按照姓氏字母顺序）

  希望本书的出版对于从事小学数学教师培训的工作者，特别是小学数学新入职教师们有一定的帮助。我们也迫切希望同行对本书提出宝贵意见。课题组的研究教师们也是抱着研讨之态度，在摸索中前行的。欢迎更多的有志之士走入这个研究领域，为小学数学新教师的研修之路增添新的光彩。

崔文闯

2021年4月11日于广州

目录
CONTENTS

第 一 章

小学数学新教师的发展特征与专业素养

第一节　小学数学新教师的发展特征

内容提要:

新任教师在不同的入职阶段会关注什么教学问题?这也许是针对新任教师培训设计的有效依据。本节基于富勒的教师关注阶段模型设计了小学新任教师关注阶段内容调查问卷。以小学数学教师为例,通过研究掌握小学数学新任教师在入职1～5年期间所关注的与教学工作相关的问题,试图揭示新任教师在关注方面发展的一些特征,为新任教师培训课程的设计提供依据。根据研究结果,本书有针对性地提出了"一二四分段式"教师培养策略,构建了"三路径五模块"小学新任教师培养模式,为教师培训课程的设计提供了依据。

一、问题的提出

关于对新教师培训的研究,我们做了很多年。但是,一直停留在经验总结层面,没有好好地针对某一些方面科学地开展探讨。

关注,即关心重视。教师关注(Concern Of Teacher)就是教师从事教学时所表示的关心。教师在教学专业发展的过程中，不同阶段会关注不同的主题，并产生一定的更迭变化，表现为"对某特定问题或任务的情绪、疑虑、想法和思考"。美国学者富勒是较早研究教师关注的学者。富勒认为，教师的关注初步可以分为四个阶段：教学前关注阶段、早期关注生存阶段、关注教学情境阶段、关注学生阶段。在此基础上，富勒编制了教师关注阶段模型，每个阶段的教师关注内容及侧重点是不一样的。

教师关注阶段的发展并非自然而然的，这需要促进者通过有效的干预唤醒和支持教师关注的发展。通过预测教师关注发展的过程，在规划教师培训课程的时候可以设计更加有效的干预活动，促进教师专业成长。

入职1~5年的小学新任教师在教学工作中会关注哪些方面的问题呢？教师关注的方面很可能就是他们遇到的困难，或是教师认为重要的方面，还可能是教师迫切想解决的问题。基于富勒的教师关注阶段模型，本书把富勒的模型内容细化为12个基本关注指标，设计了小学新任教师关注阶段内容调查问卷。以小学数学教师为例，通过研究掌握小学数学新任教师在入职1~5年期间所关注的与教学工作相关的问题，并在这个基础上，试图揭示新任教师在关注方面发展的一些特征，为教师培训课程的设计提供依据，也为其他学科的小学教师研究提供一些启示。

二、研究设计

1. 研究问题

研究采用问卷调查法，调查小学数学新任教师在入职1~5年期间所关注的与教学工作相关的问题，试图揭示教师在这个阶段发展的一些特征。

2.研究方法

（1）研究被试

调查对象是来自广州市白云区的小学数学新入职教师（入职1~5年），共计385人，其中，1980—1989年出生的教师59人，1990—1999年出生的教师324人，2000年及以后出生的教师2人。被试入职年限如图1-1-1所示。

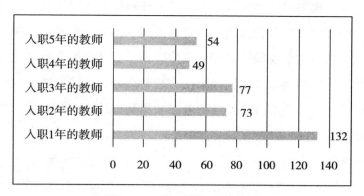

图1-1-1　被试教师入职年限

（2）研究工具

富勒编制的教师关注阶段模型，每个阶段教师关注的内容如表1-1-1所示。

表1-1-1　富勒的教师关注阶段与内容

关注阶段	关注内容
教学前关注阶段	主要是指职前培训阶段。这一阶段的教师还沉浸在学生角色之中，还未曾有教学的相关经历，他们对于教师这一角色还处于认识和想象阶段。因此，他们把自己的角色定位在教师、学校中，仅仅关注个人的心理、社交、身体等方面
早期关注生存阶段	此阶段主要是针对新入职的教师。这一阶段的教师都是刚刚接触实际的教学活动。他们在这一阶段，往往会表现出自己在管理班级纪律上能不能胜任，自己在学生心目中是什么样的形象，学生们是否喜欢自己，教师们是否喜欢自己，自己的教学内容是否完整、准确
关注教学情境阶段	此阶段的教师感觉自己已完全能够生存。他们在这阶段关注的焦点开始转向如何提高学生的学习成绩，他们关心如何能教好每一节课的内容，一般总是考虑教学时间对自己教学产生的压力，备课的材料是否准备充分，以及与教学情境相关的问题
关注学生阶段	这一阶段的教师最突出的特点就是能主动地关注学生的需要，包括教师能认识到要考虑学生的个别差异，认识到不同发展水平的学生有不同的发展需要，某些教学方法、教学材料不一定适合所有学生。他们会希望通过教学来影响学生的成绩及表现

由于富勒提出的第一个阶段"教学前关注阶段"主要是指入职前的教师，因此本书的问卷设计没有包含这项内容，而是根据后三个阶段模型（早期关注生存阶段、关注教学情境阶段、关注学生阶段），把模型内容细化、调整为12个基本关注指标：班级管理、同伴态度、教材理解、备课资源、教学内容、教学时间、情境设计、教学方法、学习效果、提高成绩、学生差异、学生沟通，编制小学新任教师关注阶段内容调查问卷。

在问卷编制过程中，因为试图提炼教师关注内容的学科特点，访谈了语文、数学、英语各5名教师，科学、体艺学科各3名教师，皆是入职5年以上的成熟型教师。发现在他们的执教经历中，语文、数学、英语、体艺教师所关注的方面大致相同，以上述12个基本关注内容为主；体艺教师会特别关注设备利用（乐器、球类等），这也属于12个指标中的"备课资源"范畴。但是，科学教师还会关注仪器使用，特别是实验示范与组织。因此，关于"本书研究结果是否适用于科学教师"持保留意见。

（3）数据分析方法

运用Excel软件进行百分率统计图分析。运用"IBM SPSS Statistics 23"软件，根据12个指标对五类教师（入职1~5年）进行聚类分析，揭示教师关注发展的阶段特征。把12个指标根据其相关性进行R型聚类，研究指标的相关性。另外，运用"IBM SPSS Statistics 23"软件进行Alpha信度检验，指数为0.8，如表1-1-2所示，说明问卷质量良好。

表1-1-2　Alpha信度检验

克隆巴赫 Alpha	基于标准化项的克隆巴赫 Alpha	项数
0.801	0.799	61

三、研究结果

1. 入职1~5年小学数学教师对12个指标关注的阶段性

入职1~5年的小学教师对第1~12个指标都会产生关注，只是关注的程度各有不同，并呈现一定的阶段性。

富勒提出了教师关注的四个阶段：教学前关注阶段、早期关注生存阶段、关注教学情境阶段、关注学生阶段。"教学前关注阶段"是指入职前的教师，并没有指出后三个阶段所对应的教师教龄。但是，如表1-1-3、图1-1-2所示，入职1～5年教师关注的内容完整地包含了早期关注生存阶段、关注教学情境阶段和关注学生阶段三个阶段。

表1-1-3　入职1～5年小学数学教师对12个指标的关注程度

	入职年限	入职1年	入职2年	入职3年	入职4年	入职5年
1	管理班级能否胜任	0.52	0.25	0.30	0.16	0.06
2	同事、学生、家长们是否喜欢自己	0.28	0.08	0.10	0.14	0.09
3	对教材理解是否准确	0.52	0.26	0.19	0.22	0.20
4	备课资料是否准备充分	0.57	0.23	0.14	0.18	0.19
5	教学内容是否完整、准确	0.48	0.26	0.29	0.24	0.28
6	教学时间分配是否合理	0.25	0.33	0.31	0.26	0.26
7	情境设计是否得当	0.08	0.32	0.21	0.24	0.11
8	教学方法是否适切	0.29	0.49	0.31	0.45	0.46
9	如何获知学生的学习效果	0.21	0.40	0.44	0.39	0.39
10	怎样通过教学提高学生的成绩	0.37	0.53	0.56	0.69	0.56
11	不同水平的学生是否有不同的需求	0.10	0.45	0.43	0.57	0.54
12	如何与学生更好地沟通	0.21	0.29	0.44	0.41	0.50

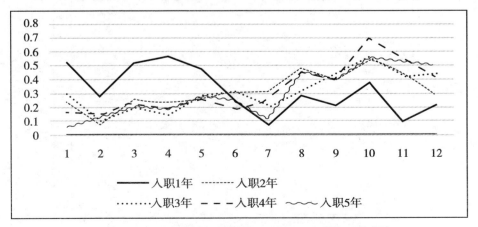

图1-1-2　入职1～5年小学数学教师对12个指标的关注程度

2. 12个指标对五类教师（入职1～5年）的聚类分析结果

如表1-1-4、图1-1-3所示，在教师对12个指标的关注程度上，入职1年的教师与其他教师（入职2～5年）相关性最小，入职1年的教师系数最大，是2.733。也就是说，如果把入职1～5年的教师分为2类，那么入职1年的教师与其他教师（入职2～5年）可以明显划分。

入职4年和5年的教师相关性最大，系数是0.994；其次是入职2年和3年的教师，相关性较大，系数是1.213。

表1-1-4　平均链接（组间）

阶段	组合聚类		系数	首次出现聚类的阶段		下一个阶段
	聚类1	聚类2		聚类1	聚类2	
1	4	5	0.994	0	0	3
2	2	3	1.213	0	0	3
3	2	4	1.286	2	1	4
4	1	2	2.733	0	3	0

使用平均链接（组间）的谱系图
重新标度的距离聚类组合

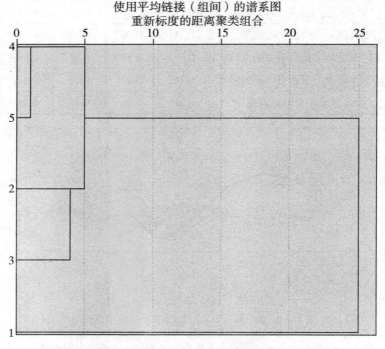

图1-1-3　12个指标对五类教师（入职1～5年）进行聚类分析结果

3. R型聚类的12个指标相关性

把12个指标根据其相关性进行R型聚类，研究指标的相关性。基于12个指标的受关注程度，如图1-1-4所示，指标第1~5是一类，相关性较大；指标第6~12是另一类，相关性较大。再结合表1-1-3和图1-1-2可得出结果：入职1年的教师对班级管理、同伴态度、教材理解、备课资源和教学内容的关注度较为集中，入职2~5年的教师对教学时间、情境设计、教学方法、学习效果、提高成绩、学生差异和学生沟通的关注度较为集中。

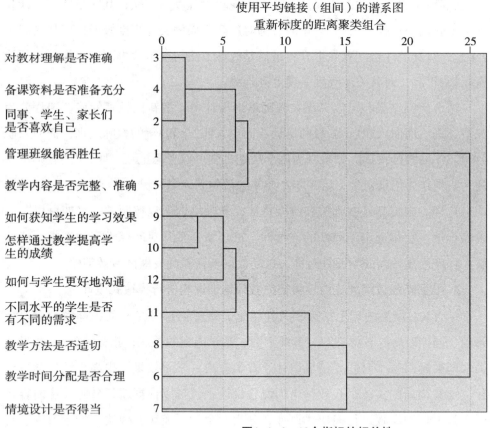

图1-1-4　12个指标的相关性

此外，在问卷的最后"其他"一项，除了"培训""教研""教学"等常见词语，词频出现较高的依次是"网络""线上""资源""直播""共享"等。可见，教师关注的内容是具有时代要素的。12个指标体现经典的教师关注内容，但是在培训设计中，需结合时代需要，让教师培训课程的内涵更丰富。

四、讨论

1. 根据新任教师关注阶段特征把教师培训课程分段推进

从12个指标对五类教师（入职1～5年）的聚类分析结果可见，入职第一年的教师所关注的教学问题与其他教师大相径庭。首先，结合表1-1-3发现，入职1年的教师十分关注班级管理、同伴态度、教材理解、备课资源四个指标，但从入职第2年起，对这四方面的关注则出现较大程度的下跌；其次是情境设计和学生差异两个指标，入职第1年的教师对这两方面的关注程度极低，但从入职第2年起，对其关注程度骤然上升；最后是教学方法与学习效果两个指标，教师从入职第2年起，对其关注程度呈现上升趋势。

结合研究结果，可以考虑在教师培训设计中，把新任教师的培训课程分为三个类别：面向入职1年的教师培训、面向入职2年和3年的教师培训、面向入职4年和5年的教师培训。如果分为两个类别，则可以考虑把新入职1年的教师单独列为一类作为培训对象，将入职2～5年的教师列为另一类。

这样，根据新任教师关注阶段特征，教师培训课程按照"一二四分段"的策略推进，会呈现出不间断的连续性，符合新任教师对问题学习的需求，能够更大程度提高教师的学习针对性，这是促进新任教师发展的有效策略。

2. 根据新任教师关注内容特征把教师培训课程进行模块式设计

结合R型聚类的12个指标相关性结果，指标第1～5是一类，即教师对班级管理、同伴态度、教材理解、备课资源、教学内容的关注；指标第6～12是另一类，即教师对教学时间、情境设计、教学方法、学习效果、提高成绩、学生差异、学生沟通的关注。在教师培训课程设计中，可以根据新任教师关注内容特征把教师培训课程进行模块式设计，分为两个学习模块，模块一的学习内容对应指标1～5，模块二的学习内容对应指标6～12；也可以根据相关系数的大小，把教师培训课程分为组织管理、教材教法、设计实施、学生沟通、评价发展五个学习模块。

这样，根据教师关注的内容特征把教师培训课程进行模块式设计，有利于教师聚焦学习主题，提高新任教师的执教能力，如课堂组织能力、教学设计与实施能力、学生学习诊断能力、个别化学生辅导能力。因为能力提升的途径不可能是单一的，所以执教能力的发展在五个模块中皆有体现。

3. 基于教师关注的培养模式建构

教师培养需要结合教师的需求，然而更重要的是突出教师的时代使命与社会担当。时代与社会的需要，是建构教师培养模式的关键所在。在教学层面，教师不只是"教书匠"，更是学生学会做人的引领者；不只是知识的传授者，更应该是学习的组织者、促进者；不只是教育工作者，还应该是教育规律的研究者。在教育层面，教师应谨记教书更要育人，培育这个时代和社会需要的人才，跨越"授之书而习其句读者"，成为"传道授业解惑"之师。因此，教师培养需要锤炼师德、铸造师魂在先，然后锻炼师技、修炼师才和师艺。教师培养需要遵循自主发展、任务先行、主题引领的工作思路。新任教师是教师中的新生力量。从环境上考虑，教师的发展路径有三条：一是自我；二是学校（工作伙伴）；三是区域（或跨校团体）。因此，在主张反思性实践的"教师发展范式"下，新任教师的培养可以围绕撬动式自主研修、同伴式校本研修和模块式区域研修三条路径开展。结合本书研究的结果，尝试构建基于教师关注阶段特征的教师培养模式，如图1-1-5所示。

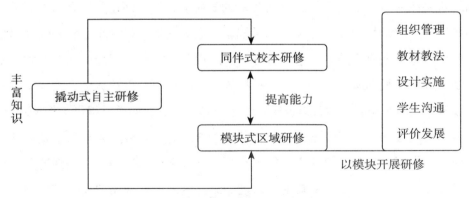

图1-1-5 "三路径五模块"小学新任教师培养模式

"三路径五模块"小学新任教师培养模式体现了教师培养的主题性与层次性，利用自主研修丰富、提升教师学科专业知识水平，在校本研修与区域研究中提高能力，知识与能力协同发展。

鉴于入职第1年新任教师的特殊性，"三路径五模块"培养模式在区域培训课程设计的时候需要考虑教师的任职年限。若是新入职1年的教师则重点关注"组织管理"与"教材教法"模块。

面向入职2~5年的教师则采用以下方法。五个模块可以平行式分组轮换推进，也可以递进式分期推进。平行式分组轮换推进，就是将教师按照模块主题进行分组，开展新任教师研学活动，并根据情况更迭学习模块。递进式分期推进就是教师每年围绕主要关注的内容开展学习研究，根据模块内容逐年更换主题，获得提升与发展。

结合研究结果，以及当前教师对"网络""线上""资源""直播""共享"的关注，在"设计实施"模块时，需要注意设计与新技术有关的学习内容，如信息技术与学科课程的融合、网络教学、学生个性化资源的推送等培训内容。

五、结论

基于富勒的教师关注阶段模型，本书设计了小学新任教师关注阶段内容调查问卷。以小学数学教师为例，通过研究掌握小学数学新任教师在入职1~5年期间所关注的与教学工作相关的问题，试图揭示新任教师在关注方面发展的一些特征，为教师培训课程的设计提供依据，也为其他学科的小学教师研究提供一些启示。根据研究结果，本书有针对性地提出了"一二四分段式"教师培养策略，进而把教师所关注的内容概括提炼为学习模块，更迭递进，构建了"三路径五模块"小学新任教师培养模式，为教师培训课程的设计提供了依据。

本书仅仅是关注小学新任教师的教学工作，然而并没有包括教师发展的全部内容。再者，教师的素养不仅体现在知识素养和能力素养方面。在这其中，道德情操、情感与身心素养贯穿、渗透始终。素养的养成是建立在知识与能力提升的基础之上的，只有奠定了扎实的知识能力基础，才能形成并发展为稳定的素养。

第二节　小学数学新教师专业素养水平

内容提要：

对白云区小学数学新入职教师专业素养现状的调查表明，小学数学新教师数学学科教学知识（MPCK）总体表现居于中等水平，公办学校新教师的MPCK成绩显著高于民办学校的。新教师在MPCK三个维度的表现不均衡，数学学科知识（MK）维度相对最为薄弱，教学法知识（PK）维度相对较好，数学学习知识（CK）维度居于教学法知识维度和数学学科知识维度之间。新教师的MPCK的增长依赖有经验的同伴、备课组（教研组）的帮助，模仿、照搬既有教案，照本宣科是其教学行为的主要方式。新教师在MK主观评定与客观测试成绩上呈现高度相关性，说明新教师对于自己MK的判断比较准确，而在PK和CK上则存在着一定的误差。

改革开放以来，中共中央出台了关于全面深化新时代教师队伍建设改革的相关意见，强调教育的发展关键靠教师，提升教师专业素养是建设高素质专业化的教师队伍的必由之路。数学是一门重要的基础性学科，因此，促进数学教师的专业发展有重要的实践意义。

一、数学教师专业素养的内涵

国内外大量文献表明，教师专业知识、专业能力和综合素质是教师专业素养应包含的主要内容。而实际教学中，关注度最高的则是教师专业知识和专业能力。

与"素养"定义众说纷纭的情形相类似，对于"数学专业素养"的界定，学界有着不同的看法。段志贵提出，将数学教师应具备的基本数学素养分解为六个模块，即充分地感知数学、理解数学知识、梳理数学内容、提炼和分析数学知识、寻求数学知识的呈现、延伸对数学美的感悟。

　　章勤琼等人将义务教育阶段作为一个统一的阶段，参照《教师专业标准》和《数学课程标准》提出的要求，分析得出教师专业素养的四个维度——专业理念、专业知识、专业实践和专业态度，再结合具体学科要求，得出数学教师专业素养的结构，如表1-2-1所示。

表1-2-1　章勤琼等人得出的数学教师专业素养的结构

维度	内容
专业理念	育人观
	数学观
专业知识	数学本体性知识
	教育教学知识
	数学教学知识
	对数学课程标准理念的理解
专业实践	对学生数学学习的理解
	教学设计
	教学实施
	教学评价
专业态度	对教育事业的热爱
	对教师职业的认同
	对学生的关爱

　　而香港大学左浩德则通过分析世界上首个中小学数学教师教育和发展的大规模国际比较研究TEDS-M（Teacher Education and Development Studying Mathematics），提出数学教师专业素养的两大要素——教师的专业知识和教师的专业信念，并由此构建了数学教师专业素养这一概念框架，如图1-2-1所示。

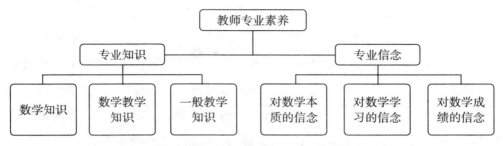

图1-2-1   左浩德构建的数学教师专业素养概念框架

在小学数学教师专业素养发展的众多维度中，数学学科教学知识（Mathematics Pedagogical Content Knowledge，MPCK）则是核心要素，它能显著地促进教师专业素养的发展。20世纪80年代中期，西方教师专业化运动代表人物、美国学者舒尔曼率先提出"学科教学知识"（PCK）的概念。随着PCK研究的发展，数学学科教师特有的MPCK逐渐从泛学科的研究中独立出来。对数学学科而言，PCK在数学教育学中的具体体现就是MPCK。按照香港中文大学黄毅英教授等学者的观点，MPCK是3个基本集合MK（数学学科知识）、PK（教学法知识）、CK（数学学习知识）的公共部分。当前，学界仍然十分关注数学教师MPCK的研究，并有逐步上升的趋势。

二、新入职教师数学专业素养的现状

近3年来，我区招聘了大量的新教师，仅小学数学教师就有100多位。这些新入职的数学教师给全区的数学教学注入了新生的力量和活力，但由于经验、自身素质等，在日常教学中，他们所暴露的一些不足和问题也不容忽视。所以有效提升这部分新入职教师的专业素养水平，满足高质量教学的要求，刻不容缓。

为了了解我区近3年小学数学新入职教师专业素养的真实水平，以便对新教师专业素养进行结构性缺失分析及专业素养培训需求分析，2019年12月，对我区近3年新入职的小学数学教师（通过教师资格证认定，在校任教3年以内的教师）开展问卷调查。我们向100名新入职数学教师发放了问卷。问卷全部收回，其中有效问卷83份，有效率为83%。

问卷共分四部分：第一部分内容为调查对象的基本信息，包括任教学校类型、任教学校办学性质、教龄、专业技术职称、曾任教过的年级数和现任教年级；第二部分内容是调查新入职教师数学学科教学知识（MPCK）自我主观评定情况；第三部分内容是关于新入职教师数学学科教学知识（MPCK）的测试；第四部分内容是新入职教师数学学科教学知识（MPCK）来源的贡献情况，即小学数学教师学科教学知识的来源对教师数学教学知识发展的作用。

第二部分关于小学数学教师MPCK自我主观评定的调查问卷，是结合对数学教师素养的文献研究，参考李渺和宁连华对小学数学教师MPCK的构成成分的分析而整合编制的。问卷包含数学学科知识（MK）、教学法知识（PK）、数学学习知识（CK）三个方面，共计11个维度，具体阐述如下：MK 4个维度，即数学观念、学科内容知识、数学思想方法及数学史知识；PK 4个维度，即教育观念、教育理论知识、课程知识及教学知识；CK 3个维度，即学生发展的知识、学生学习的认知因素与非认知因素知识及学习环境的知识。

对数学学科教学知识（MPCK）自我主观评定问卷及学科教学知识的来源问卷进行内部一致性信度检验，发现两份问卷实测的克隆巴赫系数（Cronbach's Alpha）分别为0.943和0.912，处于较高水平。由于数学学科教学知识（MPCK）的测试卷多为较复杂的选择题和问答题，且每个内容主题对应的题目数量有限，不适合采用内部一致性信度检验，故采用质性方法进行信度检验。本书向10位小学数学教育专家和教师进行内容效度的专家函询，大家对MPCK测试卷的23道题目中的20道题所调查的MPCK维度无意见分歧，占比86.96%，有3人对其中的1道题有分歧。

本次调查由区教育研究院安排落实，将问卷填写作为区数学教研活动的内容，所以教师的答卷态度比较认真。数据采集后利用Excel进行初步统计，进而用SPSS 21.0软件进行分析，对相关数据的显著性进行检验。分析得出的结果如下：

（1）小学数学新入职教师的MPCK总体表现居于中等水平，公办学校新教师的MPCK成绩显著高于民办学校的，如表1-2-2、图1-2-2所示。

表1-2-2　不同任教学校办学性质新入职教师MPCK客观量表总分状况

		M	*SD*	*t*
任教学校办学性质	公办	29.22	5.14	4.368***
	民办	24.17	3.71	

注：*p＜0.05，**p＜0.01，***p＜0.001，下同。

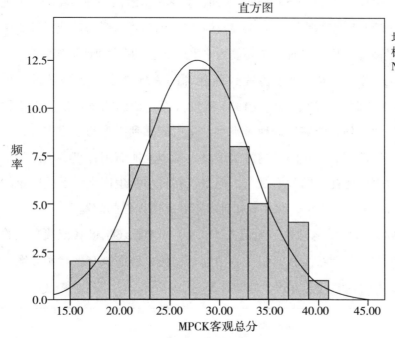

图1-2-2　小学数学教师MPCK成绩分布直方图

（2）小学数学新入职教师在MPCK三个维度的表现不均衡，数学学科知识（MK）维度相对最为薄弱，教学法知识（PK）维度相对较好，数学学习知识（CK）维度居于教学法知识维度和数学学科知识维度之间，但三个维度均存在一些问题亟待解决。

在数学学科知识（MK）维度方面，我区新教师表现最为薄弱，主要表现为对数学知识的掌握不够扎实、缺少实质性理解、理解往往囿于教参和课本教材的呈现方式；对所任教的数学学科知识、数学概念及它们之间联系的掌握相对薄弱，理解仅停留在算法层面，且存在概念表述不严谨等问题；日常教学中重记忆、轻理解，对小学生数学学习困难及错误成因认识不足；对于数学思想方法和数学史知识的了解与提升途径极其欠缺。

在教学法知识（PK）维度方面，新教师表现最好，他们中的绝大多数基本具备帮助小学生建构数学观念、纠正学习错误等方面的知识，能够较好地用直观演示法表征教学内容，也能够有效突破教学重难点。但仍有两个方面的不足需要改进：一是部分新教师还停留在灌输型教学层面，教学重讲解而轻师生互动，重记忆而轻理解，重算法而轻算理；二是部分新教师缺乏有效的教学方法或是策略单一，难以提出有针对性的教学策略，尚不能为学生提供适切的学习评价与反馈。

在数学学习知识（CK）维度方面，新教师的表现则强于数学学科知识（MK）维度方面而弱于教学法知识（PK）维度方面。他们能较好地认识小学生数学学习的认知序列，能够较好地辨别小学生可能感到困难的学习内容，了解并能预测小学生常用的解决问题的方法策略，基本上能够阐释小学生的数学答案或回应小学生可能提出的数学观点。但是，在对小学生产生错误或困难的原因方面，他们的认识还不足，存在着知其然不知其所以然的问题。

（3）新入职教师数学学科教学知识（MPCK）的增长还是极其依赖有经验的教师的引领及学校备课组（教研组）的帮助，模仿、照搬既有教参和教案，照本宣科是其主要的教学行为方式，如图1-2-3所示。

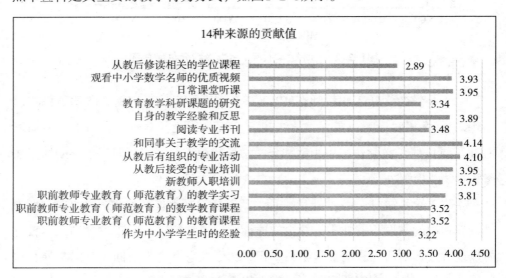

图1-2-3　小学数学新教师MPCK14种来源方式贡献值柱形图

　　总体上，在小学数学新教师学科教学知识的14种来源中，"和同事关于教学的交流""从教后有组织的专业活动（说课观摩活动、优质课观摩活动等）""从教后接受的专业培训（教科书及其他教学资源、使用计算机和计算器进行数学教学、新的教学方法和策略、怎样教特定的数学内容）"和"日常课堂听课"的贡献值位列前4名，分别是4.14、4.10、3.95和3.95，而"从教后修读相关的学位课程"则排在最后，贡献值仅为2.89。以上数据表明，新入职教师学科教学知识（MPCK）的增长主要依赖于同事间交流、日常听课及从教后的专业活动和培训，亦即教育部门组织的专业活动和培训对新教师作用显著。

　　（4）新教师只有在MK主观评定与客观测试成绩上才呈现高度相关性，说明新教师对于自己MK的判断比较准确，而在PK和CK上则存在着一定的误差。

　　相关研究结果显示，数学知识是小学数学教师区别于其他学科教师最核心和最独特的专业素养的观点被绝大多数教师接受，但此次研究中，我区新入职教师在数学学科知识（MK）维度方面的平均得分率最低，仅为58%，近半数小学数学新教师的MK比较薄弱，难以达到日常教学所需的高质量要求。另外，教师们对自身在PK和CK两方面的认识存在误差，对自身情况的认识不准确，容易造成新教师们自我提升的内驱力不足。

三、关于提高新入职教师数学专业素养水平的建议

1. 完善数学教育课程的内容与结构，提高数学教师的学科知识水平

　　小学数学新入职教师在MPCK"数学学科知识（MK）维度"方面表现不理想，要求教育部门和高等学府创新数学教师教育课程内容结构。一是要提高认识。小学数学知识在现实生活中应得到足够重视，不能被视为"小儿科"。事实上，小学数学知识中蕴含着许多高等数学中重要概念的基本原理，如集合、方程、函数思想、微积分等，只不过它是以初等格式来表达的，"简单"的小学数学知识其实并不简单。小学数学新入职教师需要对所任教的小学数学知识具有深刻理解和完整把握的能力。二是在大学阶段增加小学数学教师教育课程中的学科知识比重，加大对数学专业教师学科知识的考核力度，定期举办各类学科知识比赛，改变我国教师教育课程设置"重方法"而"轻内容"的倾向。

三是加强小学数学新入职教师对数学知识"教学化"的学习与指导、研究与实践，促进教师MPCK的生成与发展。

2. 聚焦新入职数学教师专业发展薄弱方面，提高研修活动效果

一是改革小学数学教学中重记忆、轻理解的弊端。必要的记忆不可或缺，但若过于注重记忆和教师传授，轻视学生活动与理解，将十分不利于培养学生的高阶思维。二是重视和落实对小学生数学学习困难和典型错误的成因分析，既要分析不同年级段小学生在特定数学内容学习时的学习困难和典型错误成因，也要对个体学生特别是学困生的学习困难和典型错误成因进行个别化分析。三是加强小学数学教学策略有效性水平的研究：首先要找准学生学习难点，提高教学策略的针对性；其次要使用多种数学教学表征，但同时也要结合小学生学习内容特点，尽可能增强教学策略的多样性；最后要重视信息技术给当前小学数学教学带来的变革，研究怎样使其与具体课堂教学活动达到合理匹配，充分发挥信息技术在小学数学教学领域的独特应用优势，促进小学数学教学与信息技术的深度融合。四是加强对新教师数学思想方法和数学史知识方面的培训，帮助新教师填充这两方面的知识空白，提高其认识，拓展其技能。

3. 增强新入职教师的主观意识，促进教师专业素养提升

从MPCK来源方式贡献值的调查情况可知，新教师们认为"阅读专业书刊""自身的教学经验和反思""教育教学科研课题的研究""从教后修读相关的学位课程"这几种方式对于其MPCK的提升作用相对较小。无论是阅读、反思、研究，还是继续教育，这几个方面的效果其实都依赖于个人。另外，新教师们对于自身MPCK的情况了解不够准确，容易造成其过于自信而缺乏自我提升的动力。因此，改变新教师的观念，增强其自我增值的意识并养成良好的习惯，更能提升这些途径的贡献值，从而促进教师专业素养的提升。

第二章

小学数学教师专业知识修炼

第一节　小知识大背景——小学数学
知识背后的历史故事

内容提要：

小知识大背景，即阅读数学知识背后的历史故事。教师通过学习数学发展过程中积淀的深厚历史文化，有助于厘清数学知识的发展历史，理解数学的本质和数学知识间的关系，优化自身的数学学科知识结构，促进自身专业发展。

而学生阅读数学史，经历人类认识的产生、发展的过程，有助于培养创新意识和探索精神。

例如在教学"小数的加法和减法"时，教师可以让学生阅读《论十进》中小数加减计算资料，运用所学知识解决数学家的小数加减法问题，使学生在不知不觉中被代入古代数学家的角色，把学到的数学知识、数学思想方法迁移类推到古人遇到的数学问题中。这样不但可以巩固学生的小数加减法计算的算理和算法，而且有助于培养学生的推理能力、应用意识和创新意识，使学生热爱数学，树立学好数学的信心。

数学来源于生活，应用于生活。从远古时代到未来社会，数学知识都会一直伴随着我们。数学家们提出问题，解决问题，在解决问题的过程中产生新的思考。作为一线教师，我们要阅读数学史，了解数学知识的发展历程，知其然，更知其所以然，从而更好地培养学生的创新意识和探索精神。下面从数与代数、几何与图形、统计与概率等内容中，列举实例"窥一斑而知全豹"，了解小知识背后的大背景。

一、"圆的面积计算"背后的历史故事

【小知识】

什么是圆？在小学人教版的教材中没有给出圆的具体定义，只是通过圆规画圆，得到圆的直观定义。在中学的教材中是这样定义圆的：在同一平面内，到定点的距离等于定长的点集合叫作圆。这个定点叫作圆的圆心，用字母 O 表示，定长叫作圆的半径，用字母 r 表示。圆的周长=$2\pi r$，圆的面积=$\frac{1}{2}lr$，l 表示圆的周长，根据 d（圆的直径）=$2r$，又可以得到圆的面积=πr^2=$\left(\frac{d}{2}\right)^2\pi$。

【大背景】

最早得出圆的面积计算公式的是我国古代杰出的数学家刘徽——中国数学史上的牛顿。他用割圆术证明了圆的面积计算，并在《九章算术注》中给出精确的计算公式——"今有圆田，周三十步，径十步。问为田几何？答曰：七十五步。半周半径相乘得积步。"

在刘徽之前，人们是这样计算圆的面积的：将圆周六等分，依次连接各等分点生成圆的内接正六边形，将内接正六边形的周长作为圆的周长（见图2-1-1）。记圆半径|OA|=r，正六边形的边长为 a_6，则圆的直径为 $2r$，正六边形的周长为 $6a_6$，因为△OAB 是个等边三角形，所以圆的半径等于内接正六边形的边长，圆的周长：直径=$6a_6$：$2r$=$6r$：$2r$=3：1，"周三

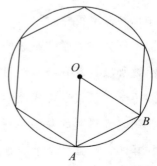

图2-1-1　圆的内接正六边形

径一"因此而来。然后将六等分的每段弧平均分成2份（见图2-1-2），依次连接12个点形成内接正十二边形，用内接正十二边形的面积代替圆的面积（见图2-1-3）。利用出入相补原理，将圆内接正十二边形剪拼成一个长方形（见图2-1-4），利用长方形的面积来计算圆的面积。这个长方形的长是圆周长的一半，也就是圆内接正六边形周长的一半，长方形的宽是圆的半径。

 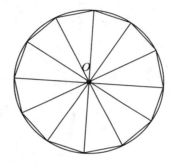

图2-1-2　连接每段弧的中点　　　图2-1-3　内接正十二边形

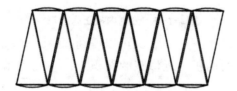

图2-1-4　剪拼成近似长方形

从图中可以看出，圆的面积=圆内接正十二边形的面积+12个弓形的面积，计算出来的面积会小于实际的面积。显然，这样对圆进行分割、拼补得到的结果并不精确。

后来，刘徽改进了前人的算法，将圆内接正六边形的周长看作圆的周长，将圆内接正十二边形的面积看作圆的面积（见图2-1-5）。记圆的半径$|OB|=r$，圆内接正六边形的边长为a_6，将圆内接正十二边形分割成12个全等的三角形，其中$S_{\triangle OAB}=\frac{1}{2}|OB|\cdot|AG|=\frac{1}{2}r\cdot\frac{1}{2}a_6$，那么圆内接正十二边形的面积$S_{12}=12\cdot\frac{1}{2}r\cdot\frac{1}{2}a_6=3a_6r$。

同理可得：$S_{24}=12 \cdot \dfrac{1}{2} r \cdot \dfrac{1}{2} a_{12} = 6a_{12}r$

$$S_{48}=12 \cdot \dfrac{1}{2} r \cdot \dfrac{1}{2} a_{24} = 12a_{24}r$$

$$\cdots\cdots$$

$$S_{2n}=12 \cdot \dfrac{1}{2} r \cdot \dfrac{1}{2} a_n = \dfrac{n}{2} a_n r$$

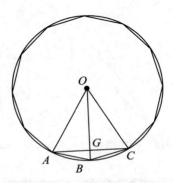

图2-1-5　分割内接正六边形

S_{2n}表示正$2n$边形的面积（近似圆的面积），$\dfrac{n}{2} a_n$表示正n边的周长的一半（近似圆周长的一半），当分割的次数越来越多时，分割得到的圆弧就越来越短，趋于线段。如果不停地分割下去，每一段圆弧都会"化曲为直"，与圆的内接正多边形的边长重合，最后圆的内接正多边形的面积、周长都与圆相等，因此得到圆的面积=$\dfrac{1}{2}$周长×半径。

结合出入相补原理和刘徽的"割圆术"同样可以验证圆的面积计算公式，即把一个圆平均分成若干份，每一份近似于一个等腰三角形，用这些"等腰三角形"可以近似地拼成一个平行四边形（见图2-1-6）。把这个圆平均分的份数越多，拼成的平行四边形就越接近长方形（见图2-1-7）。长方形的长近似于圆周长的一半，长方形的宽近似于圆的半径。因为长方形的面积=长×宽，所以圆的面积=$\dfrac{1}{2}$周长×半径。这也是我们现在课堂上推导圆面积公式常用的方法。

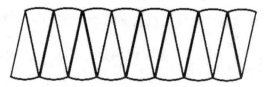

图2-1-6　剪拼成近似平行四边形

图2-1-7　平均分成64份拼成的形状

二、"圆周率"背后的历史故事

【小知识】

"圆的周长"是人教版小学数学六年级上册第五单元的内容。圆的周长计算在日常生活中有广泛的应用。求圆的周长，可以用卷尺绕圆形物体一圈来测量；拿线绕圆形物体一圈，再测量线的长度；把圆形物体在直尺上滚一圈再量出长度；等等。这几种方法，都是把曲线图形的长度转化为可直接测量的直线段的长度，也就是"化曲为直"。那圆的周长和什么有关呢？不难发现：圆的半径越大，周长就越大。通过测量、计算、找规律等过程，可以发现周长和直径的比值是一个固定的数，叫作圆周率，用字母"π"来表示。

【大背景】

在古代人的日常生产活动中，轮子是重要的发明。随着轮子的广泛使用，人们发现轮子转一圈的长度（即圆的周长）和轮子的直径存在某种联系。古人通过测量不同大小的轮子之后得出结论：圆的周长总是直径的3倍多一点，这便是"古率"。公元前3世纪初，古希腊欧几里得在《几何原本》中提到圆周率是常数；中国的古代数学著作《周髀算经》（约公元前2世纪）中有"径一周三"的说法，也认为圆周率是一个常数。现在，我们都知道圆周率是一个无理数，究竟圆周率是如何从一个常数发展成无理数的呢？

从古代开始，圆周率便迷住了数学家们。在公元前2000年左右，巴比伦人计算出圆周率为 $\frac{5 \times 5}{2 \times 2 \times 2} = 3\frac{1}{8}$，换算成小数为3.125。古埃及人的结论略微不同：$3\frac{1}{7}$，约等于3.143。公元前1650年亚米斯的兰德草卷，测得圆周率的值为 $\frac{4 \times 4 \times 4 \times 4}{3 \times 3 \times 3 \times 3} = \frac{256}{81}$，换算成小数为3.160 49。

如此粗略的圆周率对于醉心于数学研究的数学家们而言，是远远不够的。公元前250年，阿基米德发明了更精致的计算方法。他采用"穷竭法"来求圆周率，利用略大于圆周和略小于圆周的多边形为圆周率定出上下界。多边形的边数越多，面积越接近圆的面积，得出的上下界就越接近圆周率。但如果正多边形的边非常多，当时计算水平的限制使得阿基米德无法完成计算；如果正多边形的边很少，计算的误差又太大。阿基米德最后用内接于圆和外切于圆的两个正九十六边形为界，计算出：$\frac{223}{71} < \pi < \frac{22}{7}$，得出圆周率的精确值应在3.140 8和3.142 9之间。阿基米德计算出圆周率的精确值到小数点后两位。

130年，中国东汉时期的张衡推算出圆周率的数值是 $\sqrt{10}$（约为3.162 2）。150年，亚历山大港的托勒密计算出圆周率的数值为3.141 6。

263年，中国数学家刘徽在《九章算术注》中提出"割圆"之说。割圆术，就是不断把圆内接正多边形的边数倍增以求出圆周长。刘徽一直算至圆内接正192边形，求得圆周率为3.141 024，也将圆周率算到小数点后两位的精确度。书中还记载了圆周率更精确的值 $\frac{3927}{1250}$（等于3.141 6）。刘徽断言："割之弥细，所失弥少。割之又割，以至于不可割，则与圆周合体而无所失矣。"为纪念刘徽的贡献，后人将"3.14"称为徽率。

480年，祖冲之按照刘徽的割圆术之法，设了一个直径为一丈的圆，在圆内切割计算。当他切割到圆的内接192边形时，得到了"徽率"的数值。但他并没有满足于此，继续切割，做了384边形、768边形……一直切割到24 576边形，依次求出每个内接正多边形的边长。最后求得直径为一丈的圆，它的圆周长度在三丈一尺四寸一分五厘九毫二秒七忽到三丈一尺四寸一分五厘九毫二秒六忽之间。也就是说：如果圆的直径为1，祖冲之算出圆周率的数值在3.141 592 6和3.141 592 7之间，相当于精确到小数点后6位，成为当时世界上最先进的成就。

祖冲之给出了 π 的两个分数形式：$\frac{22}{7}$（约率）和 $\frac{335}{113}$（密率），密率是分母小于16 604的分数中最接近π的。为纪念祖冲之对圆周率发展的贡献，日本数学家三上义夫将这一推算值命名为"祖冲之圆周率"，简称"祖率"。

直到1424年，波斯数学家阿尔·卡西利用3×2^{28}边形的多边形，计算出17位π值才打破祖冲之保持了近千年的世界纪录。在此期间，印度天文学家阿耶波多在499年《阿里亚哈塔历书》中使用了3.141 6的数值。意大利数学家斐波那契在1220年利用独立于阿基米德多边形法，计算出圆周率数值为3.141 818。

1579年，法国数学家弗朗索瓦·韦达用3×2^{17}边形计算到第9位小数。1593年，弗兰芒数学家阿德里安·范·罗门计算到第15位小数。1596年，荷兰数学家鲁道夫·凡·科伊伦以他超凡的工作量，利用一个2^{62}（大约46亿）边形，将圆周率的值精确到了小数点后34位，这个数值被刻在了他的墓碑上。

从17世纪起，新的方法使人们可以计算出更精确的圆周率。大约在1706年，英国天文学家约翰·梅钦将圆周率计算到了小数点后100位。1777年，法国自然学家与数学家布丰提出通过投针来计算π。布丰投针2212次，其中针与平行线相交704次，求得 $\pi \approx \frac{2212}{704} = 3.142$。

在19世纪，英国业余数学家威廉·香克斯花了15年时间，将圆周率计算到了小数点后707位。不幸的是，其中有180位是错的。1844年，德国学者约翰·达思用不到两个月的时间算出了小数点后的200位。一个世纪之后，英国数学家D. F. 弗格森用一台数字计算器计算到了808位。目前，人类对圆周率的计算可以到小数点后10^{12}位，而且根据计算机的能力，我们很容易得到更高的精度，不过却没有实际的用处。

π的来历又是如何呢？1706年，英国数学家琼斯在《新数学引论》中，首次提出用π表示圆周率。但由于琼斯的名气太小，这个简单明了的符号，迟迟得不到推广应用。30年后的1736年，瑞士数学家莱昂哈德·欧拉提倡用π表示圆周率，因权威效应，圆周率符号"π"成为国际通用符号。

三、"概率"背后的历史故事

【小知识】

《义务教育数学课程标准（2011年版）》［以下简称《标准（2011年版）》］，将"概率"作为义务教育阶段数学课程内容"统计与概率"中的一部分，且安排在人教版小学数学教科书五年级下册第四单元，以"可能性"的知识展现在学生面前，其知识内容分为三大模块：体验事件发生的确定性和不确定性；能列举出简单试验所有可能发生的结果，感受随机现象结果发生的可能性是有大有小的；根据随机现象结果发生的可能性的大小进行推测。在小学阶段设置简单的"概率"内容，主要是为了培养学生的随机思维，让其学会用概率的眼光去观察大千世界，所以在教学中应加强对学生概率素养的培养，增强学生对随机思想的理解，使学生充分感受和体验简单随机现象中的可能性，能对一些简单的随机现象发生的可能性大小做出定性描述，而不需要用概率来定量描述。这一点在本单元例2中就体现出来了。

本单元的例2是一个摸棋子的活动，例题先呈现一个装有两种颜色棋子的盒子，其中红色棋子有4个，蓝色棋子有1个。首先提出问题："摸出一个棋子，可能是什么颜色？"引导学生根据已有的生活经验，可分析出："从盒子里摸出一个棋子，可能是红色，也可能是蓝色"，这属于严格确定性。紧接着，安排学生进行试验：摸出一个棋子，记录它的颜色，然后放回去摇匀再摸，重复20次。学生在收集、分析数据，以及讨论交流统计结果的活动中，初步感受随机事件发生的统计规律性，并知道事件发生的可能性是有大小的。结合多组学生摸棋子的记录表，引导学生对摸棋子活动进行定性描述："摸出蓝色棋子的次数比红色棋子少"或"摸出红色棋子的次数比蓝色棋子多"。最后抛出问题："再摸一次，摸出哪种颜色棋子的可能性大？"引导学生能根据试验的统计结果对下一次试验的结果做出推测，描述为"摸出红色棋子的可能性大"，使学生进一步感受不确定现象的特点。

在现实世界中，严格确定性的现象十分有限，不确定现象却大量存在，而概率论正是研究不确定现象的规律性的数学分支。那么，概率论又是如何发展起来的呢？让我们一起走进概率论的历史吧。

【大背景】

据考古证明，早在古代就有了骰子，人们通过它来预测未来、占卜命运和赌博，可以说历史十分悠久，但尚未形成理论。公元前2000多年，商队和商人在做生意时会签定财产保险、海运保险；古罗马时期，国民会购买人寿保险。但14世纪以前的财产保险、海运保险、人寿保险形式对随机思想和统计观念并没有起到任何推动作用，不过却为概率论的诞生奠定了基础。随着保险事业的不断发展，保险公司需要考虑风险，如海运保险的损失率、人寿保险中不同年龄的死亡率等；经济的发展也要求对国民经济收入，税率，人口出生率、死亡率等做出定量的描述、分析和预测。这些领域都向数学提出了新的要求，需要运用数学工具来研究偶然现象中蕴藏的客观规律，估计事故发生的可能性的大小，这就为概率论的诞生创造了条件。

而真正对概率论的诞生起直接推动作用的是古代的机会游戏。意大利著名诗人但丁在其《神曲》（1307—1321）的"炼狱篇"第6节中，提到了流行于意大利的一种机会游戏：一人同时掷三个骰子，另一人猜点数和（3～18）。其中，3=1+1+1和18=6+6+6这两个点数各只有一种组合方式，而9、10、11、12等其他点数则可通过几种不同的组合得到（如9=1+2+6=1+3+5=1+4+4=2+2+5=2+3+4=3+3+3）。显然，3点和18点猜中的可能性要比其他点数小。这个游戏令经常玩的佛罗伦萨贵族们感到困惑，因为9、10、11、12都有六种组合，即：

9=1+2+6=1+3+5=1+4+4=2+2+5=2+3+4=3+3+3

10=1+3+6=1+4+5=2+2+6=2+3+5=2+4+4=3+3+4

11=1+4+6=1+5+5=2+3+6=2+4+5=3+3+5=3+4+4

12=1+5+6=2+4+6=2+5+5=3+3+6=3+4+5=4+4+4

可在实际玩的过程中，得到10和11的次数总要超过9和12。到底是何原因使理论计算与实际经验不符呢？所以，这个骰子的"投掷问题"一直是概率论诞生前的酝酿阶段中数学家们探讨的一个重要话题。3个世纪以后，意大利著名天文学家伽利略研究了这个问题。他指出点数和是不对称的，即有顺序之别，如1+2+6不是一种组合，而是6种，因此在总共216种组合中，点数和为10、11的情形各出现27次，而点数和为9、12的情形各出现25次，所以点数和10和11出现的机会要多于9和12，这与实际经验完全吻合。后来，法国数学家拉普拉斯在他的著作《分析概率论》（1814）中，经常把伽利略对机会游戏的解答作为概率的一个基本原理来引用。尽管机会游戏的"投掷问题"没有直接诞生出概率论，但它对概率论的推动作用是不可估量的。

16世纪和17世纪，法国社会中赌博游戏变得十分流行。随着游戏变得越来越复杂和赌注变得越来越大，于是需要一种数学方法用于计算胜负及赌金的分配，这时赌博游戏进入数学。1653年，法国数学家帕斯卡在旅途中遇到"赌坛老手"梅累。梅累向帕斯卡咨询一个"分赌注"的问题：有一次，梅累与其赌友赌掷骰子，每人押了32个金币，并事先约定：如果梅累先掷出三个6点，或其赌友先掷出三个4点，便算是赢家。令人遗憾的是，这个赌博游戏并没有顺利结束。当梅累掷出两次6点，其赌友掷出一次4点时，梅累接到陪同国王接见外宾的通知，军命难违，此时收回各自的赌注又不甘心，他们只好按照已有的成绩分配64个金币。这时赌友说，虽然梅累只需再碰上一个6点就赢了，但他若再碰上两次4点，也就赢了，所以他分得的金币应该是梅累的一半，即赌注的三分之一。然而，梅累不同意这样分，即使下次赌友掷出一个4点，他还可以分得赌金的二分之一，即32个金币；再加上下次他还有一半希望掷出6点，这样又可得16个金币，所以他至少能分得赌金的四分之三。这就是著名的"分赌本"问题："两个赌徒相约赌若干局，谁先赢S局就算赢。在一人赢a（<s）局，另一人赢b（<s）局时，赌博中止。问赌本应该怎样分才合理？"

虽然帕斯卡在数学研究领域硕果累累，但是这个貌似十分简单的赌博问题却难住他了。经过长时间的研究，他最终一无所获。1654年，帕斯卡求助于好友费马，通过通信讨论这个问题。费马提出了一个方法，就是列出所有可能的结果，然后对每个结果的胜利者记数。而帕斯卡在其《论算术三角形》中运用

28

组合知识解释并解决了这个问题，即如果玩家A需要赢两局，而玩家B需要赢三局，那么两个人一定在四局内决出胜负；通过帕斯卡三角形中的第四行的数1、4、6、4、1，赌注应该以（1+4+6）：（4+1）即11：5的比例分配。帕斯卡和费马解决了"分赌本"问题，标志着概率论的诞生。

后来荷兰数学家惠更斯也对两人所研究的问题很感兴趣，他收集了所有赌博中的问题，潜心研究，引进数学期望的概念，证明了若p是一个人获得赌金a的概率，q是他获得赌金b的概率，则他可以希望获得的总赌金数为$ap+bq$。惠更斯把解法写进了《论赌博中的计算》一书并于1657年出版。这一著作是概率论发展史上的第一部专著。

17世纪末，瑞士数学家贝努里也在概率论研究上有所贡献，从理论上证明了大数定理，并研究了独立重复试验概型。这种概型研究的是只有两个可能结果的试验，并经多次重复的试验验证，因此具有普遍意义。

18世纪，概率论发展很快。概率论工作者不是孤立地、静止地研究事件发生的概率，而是把随机现象视为一种特殊的变量——随机变量。随机变量的引入使数学家如鱼得水，他们利用各种数学工具，研究随机变量的分布，从而使概率论的研究得到了一次飞跃。法国杰出数学家德莫哇佛尔最早研究了随机变量服从正态分布的情形，发现了正态概率分布曲线，并证明了二项分布当$p=q=\dfrac{1}{2}$的情形。1740年，英国数学家心普松在《机会的性质与规律》一书中研究了关于产品剔废及检查问题的多项分布情形。

19世纪，虽然概率论风行一时，但由于一些学者过分夸大了它的作用并错误地使用在一些领域上，导致概率论的发展在西欧较长的一段时间出现停滞。法国数学家拉普拉斯和波阿松虽然错误地宣传过把概率论应用到"伦理科学"上，但他们对概率论有重大贡献：波阿松通过研究，发现了在概率论中占重要地位的一个分布——波阿松分布。波阿松还是第一个把概率论运用到解决射击问题上的数学家。拉普拉斯在1812年出版的经典著作《分析概率论》中对18世纪概率论的研究成果做了比较完美的总结，内容包括几何概率、贝努里定理、最小二乘法等。他还明确了概率的古典定义，证明了中心极限定理中的德莫哇佛尔—拉普拉斯形式，发展了概率论在观察和测量误差方面的应用。可以说，他是严密地、系统地奠定概率论基础的第一人。不足之处在于他对概率的定义缺乏深入的讨论，只是企图把任何一个概率问题勉强纳入简单的等可能概型。

20世纪以来，由于公理化体系的建立，概率相关理论更加完备。随机过程、数理统计从概率论中独立出来，成为两门生命力极强的新学科。概率的应用性越来越显示出来，产生了应用概率的研究分支，并由此滋生出许多分支。概率论与其他学科相结合，又出现了不少边缘学科。1933年，柯尔莫哥洛夫在他的《概率论的基本概念》一书中，叙述了概率公理化的定义。这个定义以勒贝格测度为理论基础，抓住概率的有界性、非负性、可加性三条最基本的性质来定义概率。这种定义在逻辑关系上和其他数学分支完全相仿，从而使概率论成为一个严谨的数学分支。1934年，苏联数学家辛钦创立了概率论的一个重要分支：平稳随机过程。1955年，"应用概率"这一概念被提出。这一伟大的创举为概率论提供了空前绝后的理论。这一应用研究的出现，使概率在社会科学中的量化更加精确，使概率在生活中的作用变得不可估量。

第二节　让阅读增长见识——新教师阅读笔记

内容提要：

小学数学新入职教师要想提升自身的教育、教学水平，研读教材、教师用书、课程标准等专业读物是非常重要的一环。为打造区域阅读共同体，开展研读小学数学专业书籍和读物的活动，使教师之间相互影响、互相督促，撰写阅读笔记，分享阅读所得，养成良好的阅读习惯和阅读方法，加快教师专业素养提升，让教师们在研读中获得MK（数学学科知识）、PK（教学法知识）、CK（数学学习知识），并将其运用到教育教学中。

阅读，是人类进步的永恒课题。正如兹南尼基（Znaniecki）所说："每个人无论承担何种社会角色，都必须具备正常担任该角色必不可少的知识。"作为小学数学教师，我们不仅要"读书"，还要"教书"，新入职的教师更是如此。通过问卷调查，广州市白云区92.1%的小学数学新入职教师在阅读方面没有规划。这不利于白云区"数学提升工程"的实施，也不利于新教师的专业成长。

一、在阅读中获取数学知识

"小学数学知识挺简单的，我是大学本科毕业出来的，还需要再阅读理解？"有的新教师不禁疑惑。小学数学的知识点的确不难，但要从数学的本质出发，通过内化设计课堂教学活动，让学生善学、乐学却不是一件容易的事。何况，小学数学教师不应只懂得教材中出现的数学知识，简单传授课本中的例题和练习题，对于由此引申出的知识块、知识链也都应了解和掌握，这样才能更好地把握数学的本质，才能更好地引导学生在数学这条道路上走得更远、更久。人教版小学数学教科书中每一册"数学广角"的内容都安排了逻辑推理、等量代换、解决问题等例题，让学生在探究活动中观察、猜测、操作、实验与交流等，初步体会数学方法的奇妙，感受数学的美，激发学生学习数学的兴趣。"数学广角"的知识点思维性强、方法灵活多样，而教师要掌握这一系列问题的解题策略和方法，就要通过研读专业读物深度备课、有效实施，才能使大部分学生学起来不难。以下是新教师在教学"烙饼问题"和"鸽巢问题"时分别做的阅读笔记，如表2-2-1、表2-2-2所示。

表2-2-1　新教师阅读笔记（一）

时间	2020年9月25日	主题	研读"烙饼问题"
教材呈现	我使用的是人教版教材。关于这一主题内容，教材是这样编排的： 1. 创设情境，引出"烙饼问题"：每次最多只能烙2张饼，两面都要烙，每面3分钟，一共要烙3张饼，怎样才能尽快吃上饼？ 2. 通过分析先烙2张再烙1张的情况，探究出最省时间的方式应该是每次总烙2张饼，别让锅空着，即正1正2、反1正3、反2反3。 3. 进一步探究如果要烙4张饼、5张饼、6张饼……呢？你发现了什么？通过探究发现规律、得到结论：烙n张饼需要的最少时间是$3n$分钟（n是大于1的整数）。 我认为，教材这样编排的目的是： 从"烙饼"这个生活中的问题引入，通过解决实际问题来建立数学模型，然后算出模型的解，进一步得到结论。		
专业读物学习记录	我查阅的书籍（读物）是：《跨越断层，走出误区："数学课程标准"核心词的解读与实践研究》，它是这样描述的： 1. 进入模型检验环节时，面对学生质疑：烙3张饼最优过程的第2次，有一张饼只烙了一面就拿走，岂不半生不熟？首先要肯定学生的质疑，指出最优结果具有近似性的同时，给学生提供解决方法：将本该拿走的那张饼叠放在1号饼上面保温。为什么这样回答更好？仅仅是因为它能使学生感到有趣，获得意料之外、情理之中的感受吗？不，因为这样回答，旨在启发学生明白一个非常朴实的道理：解决烙饼问题离不开烙饼经验。 2. 迄今对于"烙饼问题"的教学多数满足于解决问题、建立模型，鲜见有教师提出关键性问题让学生思考：（1）双数张需要探究吗？（2）探究了3张，单数张还要再探究下去吗？		

续 表

时间	2020年9月25日	主题	研读"烙饼问题"
专业读物学习记录	这两个问题也可以归并成一个问题：为什么题目只要我们研究3张饼？突出关键性问题，学生的探究思路、探究成效就都会有显著改观。因此得到问题的答案： 当每次最多只能烙2张饼时，2，4，6……张饼不用研究； 只要研究3张饼，然后5=3+2，7=3+2+2，9=3+2+2+2……都解决了。 3. 如果学生基础较好，"烙饼问题"还有进一步的类推空间： 当每次最多只能烙3张饼时，3，6，9……张饼不用研究； 需要研究4张饼，然后7=4+3，10=4+3+3，13=4+3+3+3…… 还要研究5张饼，然后8=5+3，11=5+3+3，14=5+3+3+3……都解决了。 可以在此基础上启发学生思考"张数的分类标准"： 当每次最多只能烙2张饼时，我们把大于等于2的张数分成了两类： 2，4，6，8…… 3，5，7，9…… 当每次最多只能烙3张饼时，我们把大于等于3的张数分成了三类： 3，6，9，12…… 4，7，10，13…… 5，8，11，14…… 进一步让学生思考它们是按照什么来分的。几乎每个班都有学生能够联系已有知识"整数除法的余数"加以说明：每次最多只能烙2张饼时，分成除以2余0、余1两类；每次最多只能烙3张饼时，分成除以3余0、余1、余2三类。因此，还没有教学数的整除，"同余类"的概念已经呼之欲出了。至于4张、5张怎么烙，可以让学有余力且感兴趣的学生课后自己去探究。		
知识点复述	通过阅读，对（"烙饼问题"）知识点我是这样理解的： 1. 对于学生提出的有关"烙饼问题"的质疑，首先要肯定学生的质疑，指出最优结果具有近似性的同时，给学生提供实际的解决方法，启发学生明白：解决"烙饼问题"离不开烙饼经验。 2. 在教学中适时提出关键性问题让学生思考： （1）双数张需要探究吗？（2）探究了3张，单数张还要探究下去吗？ 这两个问题也可以归并成一个问题：为什么题目只要我们研究3张饼？ 3. 如果学生基础较好，可以对"烙饼问题"进行进一步的类推：当每次最多只能烙3张饼时会有哪些情况，并在此基础上启发学生思考"张数的分类标准"，通过探究张数的分类标准，同时联系已有知识"整数除法的余数"，还没有教学数的整除，"同余类"的概念已经呼之欲出了。		

时间	2020年9月25日	主题	研读"烙饼问题"

| 探究过程设计 | 探究新知：
（1）探究双数张饼
问：烙1张饼要用多少时间呢？烙2张饼最少要用多少时间呢？怎样烙？（都是6分钟。把两张饼一起放进锅里，先烙正面，再烙反面）让学生理解烙1张饼和2张饼的时间相同，因为两张饼可以一起放进锅里。
问：如果烙4张饼最少要用多少分钟？怎样烙？
学生试着用学具操作，体验过程。探索出：烙1次用3分钟，4张饼共8个面，每次两个面，共烙4次，4×3=12分钟。
问：当饼的个数是双数张时，怎么计算时间？所需时间与烙2张饼所需时间有什么关系？
教师小结：当饼的个数是双数张时，张数是2的几倍，所需时间就是6的几倍。
（2）探究单数张饼
问：现在要烙3张饼，最少要用多少时间呢？怎样烙？
引导学生寻求最节约时间的方法：不让锅有空位。
① 合作探究。为便于操作，建议各小组在试验中给每张"饼"编号，并记录烙"饼"步骤及所需时间。
② 交流汇报。请一个小组上台用"饼"演示。
③ 小结。 |

次数	第1张	第2张	第3张	所用时间（分钟）
第1次	正	正		3
第2次	反		正	3
第3次		反	反	3

师：这种烙法为什么会节省时间呢？因为我们注意了充分利用锅，不让它有空的时候，所以节省了时间。今天我们研究的就是怎样合理安排时间。

④ 探究单数张饼的时间。

师：那么烙5张饼你打算怎么烙？先烙几张？再烙几张？最少要用多少时间呢？

师：当饼的个数是单数张时，所需时间有什么规律？怎么烙？

教师小结：当饼的个数是单数张时，可以先烙3张，剩下的2张2张地烙。

表2-2-2　新教师阅读笔记（二）

时间	2020年10月3日	主题	研读"鸽巢问题"
教材呈现	我使用的是人教版教材。关于这一主题内容，教材是这样编排的： 例1把4支铅笔放进3个笔筒中，不管怎么放，总有一个笔筒里至少有2支铅笔。 例2把7本书放进3个抽屉中，不管怎么放，总有一个抽屉里至少放进3本书。 例3盒子里有同样大小的红球和蓝球各4个，要想摸出的球一定有2个同色的，至少要摸出几个球？ 我认为，教材这样编排的目的是：例1先是给学生介绍"抽屉原理"的最基本形式——把 $n+1$ 放进 n 中至少有2个共存，学会用"枚举法"或"假设法"来说明"抽屉原理"；例2是属于"抽屉原理"的扩展变式——把多于 kn（ k 是正整数）放进 n 中至少有（ $k+1$ ）个共存，意图是引导学生建立模型；例3是运用"抽屉原理"进行逆向思维的例子，旨在培养学生能把"摸球问题"等问题转化成"抽屉原理"问题的能力。		
专业读物学习记录	我查阅的书籍是：《义务教育教科书教师教学用书》六年级下册，它是这样描述的： 1. 例1描述的是"抽屉原理"的最简单情况。本例的教学可以使学生感知这类问题的基本结构，掌握两种思考的方法——枚举和假设，理解问题中关键词语"总有"和"至少"的含义，形成对"抽屉原理"的初步认识。 2. 例2描述了"抽屉原理"更为一般的形式。本例即是"把多于 kn 个元素放入 n 个集合，总有一个集合里至少有（ $k+1$ ）个元素"。若 k 为1，就是例1的情况了，可见例1只是例2的一个特例。所以，本例教学的目的是让学生认识"抽屉原理"的一般形式，进一步熟悉用假设法来分析问题的思路，提升对"抽屉原理"的理解水平。 3. 例3是"抽屉原理"的具体运用，是一个运用逆向思维来解决问题的例子。它是在学生通过例1和例2的学习，对"抽屉""物体"及其相互之间关系有一定的认识后，依托这一数学模型来分析和解决相关的实际问题。		
知识点复述	通过阅读，对（抽屉原理）知识点我是这样理解的： 1. "抽屉原理"指的是把一堆物体任意放入比它个数少的位置中，"总是"或"至少"有多少个是放入同一个位置中的数学问题。 2. 当数据较小时，可以选用"枚举法"罗列每一种情况，这样更加容易理解；当数据较大时，选用"假设法"反而更容易说明。 3. 建立模型。解决"抽屉问题"的一般方法：抽屉里至少有"商+1"个物体的"公式"，或 $a \div n = b \cdots\cdots c$ ，总有一个抽屉至少可以放（ $b+1$ ）个物体。		

续表

时间	2020年10月3日	主题	研读"鸽巢问题"
探究过程设计	例1教学：把4支铅笔放进3个笔筒中，不管怎么放，总有一个笔筒里至少有2支铅笔。 （1）提出对"总有"和"至少"的疑问，引发探究。 （2）自主探究。可用实物模拟、图示、数的分解及假设法。 （3）对比方法，感受假设法的优越性。 ①把4支铅笔放进3个笔筒中…… ②把10支铅笔放进9个笔筒中…… ③把100支铅笔放进99个笔筒中…… 结论：当数据较小时，可以选用"枚举法"罗列每一种情况，这样更加容易理解；当数据较大时，选用"假设法"反而更容易说明。 （4）变式练习。（做一做第1题） 大多数学生会认为"总有一个鸽笼至少飞进3只鸽子"，理应引发学生谈论思考，实现理解。		

二、在阅读中理解专业理论知识

理论知识是指概括性强、抽象度高的知识体系。理论知识不是分散的、零星的知识，不是个别性的、具体性的知识，而是系统的、有普遍意义的知识。理论知识中往往包含了一般知识和专业知识。理论知识来源于实践活动当中，是对实践活动的总结和升华，又反作用于实践活动。

《标准（2011年版）》指出：小学数学课程的总目标是通过义务教育阶段的数学学习，学生能获得适应社会生活与进一步发展所必需的数学基础知识、基本技能、基本思想；体会数学知识之间、数学与其他学科之间、数学与生活之间的联系，运用数学的思维方式进行思考，增强发现与提出问题的能力、分析与解决问题的能力；了解数学的价值，提高学习数学的兴趣，增强学好数学的信心，养成良好的学习习惯，具有初步的创新意识与实事求是的科学态度。对于什么是"四基"、如何寻找知识间的"联系"、什么是"数学思维"等理论知识的认识、了解和掌握，则需要通过阅读来解决。

教育部《标准（2011年版）》关于课程内容的阐述，最大亮点在于修改和充实了十个核心概念，包括数感、符号意识、空间观念、几何直观、数据分析观念、运算能力、推理能力、模型思想、应用意识和创新意识。如果教师本人对这些专业术语、专业理论知识一知半解，就难以培养学生的核心素养。为了避免小学数学教学的理论与实践出现断层，让教师更好地理解这十个核心概念，工作室带领工作室成员、新入职教师共读曹培英所著的《跨越断层，走出误区："数学课程标准"核心词的解读与实践研究》，并做阅读笔记，如表2-2-3 ~ 表2-2-7所示。

表2-2-3 《跨越断层，走出误区："数学课程标准"
核心词的解读与实践研究》阅读单（一）

时间	2020年4月18日	主题（核心词）	数感	阅读者	曾燕芳
阅读前	对于这个核心词，我认为自己已经知道了： 1. 数感是一个人对物体数量多少、测量的结果等的感觉，事先并没有通过数一数、算一算等活动，是人的第一直觉。 2. 动物也有数感，但应该是单线式的。 3. 数感是可以培养的，但人与人之间的数感会有差异。数感强的人估出来的数据与测量结果会更接近。我们可以通过设计有效的体验学习活动培养学生的数感，如长期从事某一领域的人会对这一领域表现出来的数感更强一些。 根据主题内容，我猜测作者会讨论的核心问题是： 1. 什么是数感？ 2. 数感是怎么产生的？ 3. 怎样培养数感？				
阅读中	我认为，这一章，作者的核心观点有： 1. 教育部课标对数感的表述及作者对数感的理解。 2. 数感培养的几个误区（案例呈现）以及阐述培养数感时我们要考虑活动设计的价值问题，不宜选择特殊量来培养学生的数感。 3. 数感与量感的区别与联系。				
阅读后	哪里读不懂？哪里读起来最容易？哪里最有启发？哪里你最不同意？ 读不懂的地方： 1. P4 "数感是数的抽象意义与数的具体意义的统一，是一种自觉地基于数学的或现实的问题情境，解释数和应用数的意识和能力"。 2.P6 "数感就是数量意识"。因为数是量的共同属性的抽象与表征，数与量可以混为一谈。				

续 表

时间	2020年4月18日	主题（核心词）	数感	阅读者	曾燕芳
阅读后	启发之处： 1. 数感主要表现在：理解数的意义，并能用多种方法来表示数；能具体地把握数的相对大小；能用数来表达和交流信息；能为解决问题而选择适当的算法；能估计运算结果，并对结果的合理性做出解释。（针对《全日制义务教育数学课程标准（实验稿）》中关于"数感"的诠释，学者们认为"解释有点宽泛"且对"为解决问题而选择适当的算法"这一描述不大赞同，但我个人认为，这样能很清晰地让读者了解到数感的几个主要表现，容易理解。 2. 数感的培养方法很全面："数"出数感、"读"出数感、"看"出数感与"推"出数感、"算"出数感与"估"出数感、"用"出数感。在这一章节中，我认为这里举的案例都很能表达问题，给出的都是"好题"！ 3. 书中提到解决脱离现实背景的数学问题，也常常要用到数感；学生数域的扩展也会丰富、发展学生的数感。				
反思	我的疑问是？我还想了解的问题是？我准备怎么去了解和实践？ 在前面提到读不懂的地方正是我要了解的问题，我该如何去了解和实践？网络？还是结合现在的课程去实施？				

表2-2-4 《跨越断层，走出误区："数学课程标准"
核心词的解读与实践研究》阅读单（二）

时间	2020年4月30日	主题（核心词）	运算能力	阅读者	黄海珠
阅读前	对于这个核心词，我认为自己已经知道了： 1. 能根据法则和运算定律正确地进行运算的能力。 2. 算法掌握、算法理解能提高运算能力。 3. 运算能力需与解决问题相结合。 根据主题内容，我猜测作者会讨论的核心问题是： 1. 运算能力在教学中存在哪些误区？ 2. 如何关注教学中计算方式的选择？ 3. 运算能力培养的教学建议。				
阅读中	我认为，这一章，作者的核心观点有： 1. 传承有效的教学策略：重视数与运算的概念教学；重视算法与算理的有效结合；重视口算基本功的训练；重视运算错误的心理分析；重视激发学习运算的兴趣；重视良好习惯的培养。 2. 关注计算方式的选择，将合理选择的算法贯彻到笔算中。 3. 估算宜以解决实际问题为主，适当引导，加深认知。 4. 改造"简便运算"教学，发挥学习迁移的效能。 5. 加强"寻求合理简洁的运算途径解决问题"的教学能力。				

时间	2020年4月30日	主题（核心词）	运算能力	阅读者	黄海珠
阅读后	哪里读不懂？哪里读起来最容易？哪里最有启发？哪里你最不同意？ 启发：在平时的教学中，割裂"笔算"与"简便运算"，在笔算的过程中没有考虑选择算法使运算简便。				
反思	我的疑问是？我还想了解的问题是？我准备怎么去了解和实践？ 在平时的教学实践中需加强"寻求合理的运算途径解决问题"。				

表2-2-5 《跨越断层，走出误区："数学课程标准" 核心词的解读与实践研究》阅读单（三）

时间	2020年5月5日	主题（核心词）	应用意识	阅读者	林露斯
阅读前	对于这个核心词，我认为自己已经知道了： 1. 数学应用意识是指能够将所学到的知识运用到学习、生活中，或是运用所学到的知识解决生活中的问题。 2. 数学应用意识的培养，应贯穿于整个数学教育的过程中，必须与数学知识的教学、数学能力的培养融为一体。 3. 数学应用知识，需要增加数学与其他学科的联系。 根据主题内容，我猜测作者会讨论的核心问题是： 1. 应用意识的内涵。 2. 怎样培养应用意识？				
阅读中	我认为，这一章，作者的核心观点有： 1. 数学应用包括数学的内部应用与外部应用。数学的内部应用是指数学解决理论体系和自身某一领域内的问题；数学的外部应用是指用数学解决生活生产科研等方面的实际问题。 2. 数学应用意识，简单地说就是应用数学知识思想方法的自学心理倾向性，表现为主动从数学角度理解现实现象，解决实际问题，以及试图沟通数学知识与现实联系的主动思考。 3. 揭示数学知识的实际来源和现实背景，是促进学生构建所学数学知识的意义。				
阅读后	哪里读不懂？哪里读起来最容易？哪里最有启发？哪里你最不同意？ 培养学生数学应用意识，可以有意识地利用数学的概念原理和方法、综合实践活动增强学生的应用意识。培养学生的应用意识有以下4个方法： 1. 处理好数学应用意识与数学基础能力的关系。 2. 有效沟通数学知识与现实世界的联系。 3. 拓展数学的应用范围，引导学生利用所学数学知识解释现实。 4. 缩小数学问题情境与实际应用情境之间的差距。				

续 表

时间	2020年5月5日	主题（核心词）	应用意识	阅读者	林露斯
反思	我的疑问是？我还想了解的问题是？我准备怎么去了解和实践？ 培养学生的数学应用意识，在课堂上要调动学生的主观能动性，让他们去实现沟通。例如在学习新课前，可以以小组的形式让学生收集相关素材，针对相关的问题进行讨论，结合相关的经验来检验问题等。				

表2-2-6 《跨越断层，走出误区："数学课程标准"核心词的解读与实践研究》分享单（四）

时间	2020年4月22日	主题（核心词）	第三章 空间观念	阅读者	苏艳勤
教材 呈现	针对这一核心词，我选用人教版的（圆柱的表面积）内容作为案例，教材是这样编排的： 1. 利用已有的知识进行迁移。练习用长方体、正方体的表面积进行类比。 2. 提出问题：圆柱的表面积指的是什么？ 3. 通过圆柱的展开图学习圆柱的表面积。 从落实核心词的角度看，我认为教材这样编排的目的是： 教材选用了来自现实生活中的问题，通过想象和操作活动，使学生知道圆柱的侧面沿着高展开后可以是一个长方形（或正方形或平行四边形），从而探索出圆柱侧面积的计算方法。在研究展开后长方形的长、宽与圆柱的关系时，通过让学生在侧面展开成长方形和长方形卷成侧面的活动中，发现长方形的长等于圆柱的底面周长，长方形的宽等于圆柱的高。从长方形的面积计算公式，推导出圆柱侧面积的计算方法。在探索圆柱侧面积算法的过程中，学生把曲面转化成平面，开展了一系列的推理活动，其空间观念和思维能力能够得到锻炼。				
实践与 反思	我之前在教学中，这样体现对核心词的落实（思考与实践）： 1. 借助视觉直观和动手直观，帮助学生理解侧面积的计算方法。 2. 利用数与形的结合，推导出圆柱的侧面积与长方形的面积相等，圆的周长等于长方形的长，圆柱的高等于长方形的宽。 3. 画图是学习几何的常规直观手段，所以在教学中要让学生画图并标出数据，再进行计算。				
观点 复述	曹培英老师对这一核心词的主要观点是： 1. 借鉴相关理论。 2. 加强两种直观：视觉直观、动作直观。 3. 重视两个"结合"：语言与形象结合、数与形结合。				

时间	2020年4月22日	主题（核心词）	第三章 空间观念	阅读者	苏艳勤
反思与 追问	哪里最有启发？哪里你最不同意？哪一点会引发你思考或实践的改变？ 阅读后，发展学生的空间观念，在教学中培养学生由实物想象出几何图形，由几何图形想象出实物的形状，进行几何体与展开图之间的转化。在自己的教学中重视培养学生由直观想象到抽象想象的能力，利用视觉直观、操作、数与形结合等方法培养学生的空间观念。				

表2-2-7　《跨越断层，走出误区："数学课程标准"核心词的解读与实践研究》分享单（五）

时间	2020年4月24日	主题（核心词）	几何直观	阅读者	陈连弟
教材 呈现	针对这一核心词，我选用人教版的（第三册第一单元2～6的乘法口诀）内容作为案例，教材是这样编排的： 1. 5、2、3、4的乘法口诀对应点子图呈现乘法算式。 2. 6的乘法口诀，在直观图的下面以列表的形式渗透了豆荚的个数与豆子的对应关系。 3. 在解决问题部分，教材采用对比的方式，编排了数据相同、问题相同但条件不同的两个问题。 从落实核心词的角度看，我认为，教材这样编排的目的是： 充分遵循学生的认知规律，教材编排层次分明，教材提供的各种直观图形，包括实物图、电子图，目的是让学生依据图形进一步理解和记忆乘法口诀。在解决问题时，鼓励学生用画图的方式表征问题结构，培养学生的几何直觉。				
观点 复述	曹培英老师对这一核心词的主要观点是： 1. 要明晰几何直观的概念。 2. 可通过夯实几何直观的基础，体会几何直观的作用，拓展几何直观的时空，培养、发展小学生的几何直观。 3. 几何直观有其局限性。				
反思与 追问	哪里最有启发？哪里你最不同意？哪一点会引发你思考或实践的改变？ 我受到的启发有：从一年级起，就应该相机引导学生画图表示数，画图说明计算结果，特别在解决问题时，放手让他们"把应用题画出来"以后再引进线段图。以前我在教学一年级解决问题时是比较轻视画图的，认为画图太费时，学生太费劲，没考虑到要从画图中培养学生的几何直观。 我不同意文中提到的一点：曹培英老师在把与几何直观的相关概念辨析一番后总结道：实际上只要加强空间观念，重视数形结合就可以了。真是这样吗？我还是想把相关概念弄懂弄透。我准备通过网络和图书馆搜查有关资料进行查阅学习。				

三、在阅读中了解学生现状

对于新入职的教师，特别是非教育专业的新入职教师来说，小学课堂管理是硬伤。新入职教师通过学习《教育学》和《心理学》了解到小学生心理特点：好动、好玩，好奇心强；注意力不稳定、不持久；喜欢教师表扬，规矩意识不强；学习思维从具体形象思维到抽象逻辑思维过渡。小学生的年龄一般是6～12岁，跨度比较大，每一年龄段的学生具有不同的心理特点，而同一年龄段的不同个体又各有不同的性格特点。新入职教师除了在平时的教育教学活动中细心观察学生的心理特点外，还要掌握1～6年级学生的知识现状。比如任教人教版小学数学教材的教师，可以从人教版《义务教育教科书教师教学用书》每一册后面的附录1（见《教师用书》）中了解两个学段教材教学内容编排结构。

新入职教师可以通过阅读大致知道所教学生的总体知识现状，在每一单元、每一课时备课时再细致研读《义务教育教科书教师教学用书》中的教材说明、教学建议、教材编写意图、教学设计、备课资料等，做到心中有数。

要把握好每个教学内容的重点，突破难点。备课不仅要备教材，还要备学生。如何熟悉教材，把握教学的"度"，这需要研读教材教参，在研读的过程中遇到不理解或比较模糊的概念，可通过查阅相关专业读物帮助理解和梳理。因此，新入职小学数学教师根据不同年龄段的学生心理特点，有效设计课堂教学环节、组织教学活动非常有必要。阅读是获取学生年龄特点和知识现状的途径之一。比如，由于人教版小学数学三年级下学期和四年级下学期都学习小数的知识，为了让新入职的教师更清晰地了解所教年级的学生的心理特点和掌握知识现状，把握教学的"度"，工作室布置了阅读任务，并设计了下面的表格引导新教师进行分析，如表2-2-8所示。

表2-2-8　阅读主题：三年级和四年级"小数的认识"学情分析对比

阅读者：张美琳　时间：2020年9月28日

教学内容	年级	学生心理特点	学生知识现状	根据学情设计教学环节	教学措施	评价手段
认识小数	三年级下册	三年级的学生虽然已经养成了一定的学习习惯，但还是好动、好奇心强。	学生已经初步认识了分数并掌握了长度单位之间的关系。	1. 结合具体情境，引出小数。2. 利用"米尺"模型初步认识小数含义。3. 结合人民币拓展认识小数含义。	1. 让学生在生活中寻找小数，发现小数就在我们身边的各个地方，因此需要认识小数。2. 在米尺上分别找一找1分米和0.1米，并比一比，然后说一说它们之间的关系。得到：几分米就是十分之几米，写成小数就是零点几米。3. 结合人民币中的1角和0.1元，再次强化一位小数与十进分数之间的关系。	1. 给出一些生活中的情境，让学生认读小数。2. 结合米尺和人民币写分数和小数。3. 把涂色部分用十进分数和对应的小数表示出来。4. 在数轴上用小数表示出来。
小数的意义	四年级下册	四年级的学生开始从被动的学习主体向主动的学习主体转变，理解知识的速度明显加快。	学生已经初步掌握了分数的基本知识，会根据具体的情境写分数；会读写小数，对小数有了初步的认识；掌握了长度单位之间的关系。	1. 利用"米尺"模型复习一位小数与十进分数之间的关系。2. 进一步探究两位小数和三位小数与分数的关系。	1. 出示米尺图，在米尺的对应位置填上分数和小数，探究十分之一米和0.1米、十分之四米和0.4米的关系，得到：分母是10的分数可以用一位小数来表示。2. 出示米尺图，在米尺的对应位置填上分数和小数，让学生自己合作探究并交流汇报结果，得到：分母是100的分数可以用两位小数来表示，分母是1000的分数可以用三位小数来表示。	1. 把涂色部分用分数和对应的小数表示出来。2. 将对应的分数和小数连起来。

　　要想更深入了解自己任教学生的学情，我们还可以通过设计预学案、课前测等，把握学生的具体情况，在课堂上做到学生已掌握的知识教师坚决不讲，

学生能自己探索的知识教师不包办代替，给学生自主学习的空间。这也需要教师在阅读中增长见识，善于分析学生现状，合理采用教学措施。

四、在阅读中把握课程知识

课程是指学校学生所应学习的学科总和及其进程与安排。课程是对教育目标、教学内容、教学活动方式的规划和设计，是教学计划、教学大纲等诸多方面实施过程的总和。《标准（2011年版）》指出："义务教育阶段的数学课程是培养公民素质的基础课程，具有基础性、普及性和发展性。小学数学课程知识能使学生掌握必备的基础知识和基本技能；培养学生的抽象思维、逻辑推理能力；培养学生的创新意识和实践能力；促进学生在情感、态度与价值观等方面的发展。义务教育的数学课程能为学生未来生活、工作和学习奠定重要的基础。"小学数学课程内容主要安排了四个部分的内容，如图2-2-1所示。

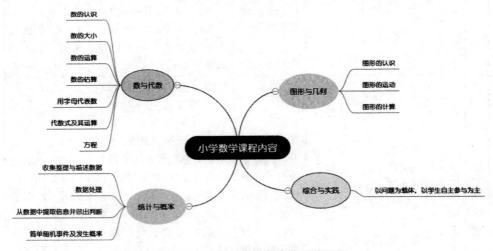

图2-2-1　小学数学课程内容思维导图

在数学教学中，教师要树立"一切为了学生的发展"的思想，注重发展学生的数感、符号意识、空间观念、几何直观、数据分析观念、运算能力、推理能力和模型思想等。这表明小学数学教师不仅要掌握必备的数学知识，还要关注学生的进步和发展，懂得从教学实践中反思自己的教学行为，科学评价教学效益。不仅要关注学生学什么，更要关注学生学得怎么样，教师可通过阅读快速掌握课程知识。宋真宗赵恒御笔亲作《励学篇》："书中自有黄金屋，书中自有颜如玉。"小学数学新入职教师对数学课本中出现的概念要深挖它们的本质，通过阅读《义务教育数学课程标准》《人教版义务教育数学教师教学用书》《数学辞海》等不同的专业书籍或读物进行理解。以对"角"的理解为例：

（1）人教版小学数学四年级上册教材中是这样描述角的定义的：

从一点引出两条射线所组成的图形叫作角。这一点叫作角的顶点，两条射线叫作边。

（2）教师用书是这样解释的：

教材从学生直观认识锐角、直角、钝角出发，结合刚刚所学射线特征说明角的含义，既是对"角"的概念归纳，又是对角的特征进一步的认识。

（3）《数学辞海》中是这样定义的：

① 角的静态定义：具有公共端点的两条射线组成的图形叫作角（angle）。这个公共端点叫作角的顶点，这两条射线叫作角的两条边。

② 角的动态定义：一条射线绕着它的端点从一个位置旋转到另一个位置所形成的图形叫作角。所旋转射线的端点叫作角的顶点，开始位置的射线叫作角的始边，终止位置的射线叫作角的终边。

通过大量阅读，教师们厘清概念，感悟数学的本质。下面是黄雪芳老师在阅读《小学数学教材中的大道理》中"用直觉理解'平行'，与中学的'平行公理'衔接"章节时所做的阅读分享笔记：

通过阅读，我把对书本知识的领悟运用到了我的教学实践中。以我执教的"平行与相交"这节课为例，在教学"平行"的新授部分时，我是这样思考的：

我让学生把一张白纸看作一个平面，在纸上任意画两条直线，会有哪几种情况？以此研究在同一个平面上两条直线之间的位置关系。我从中抽出几种具有代表性的作品贴到黑板上，让学生把这些图形分类。学生先独立思考，再将分类的情况在四人小组内进行交流讨论。汇报时学生各抒己见，经过思维的碰撞，探究不断深入，得出在同一平面内两条直线之间的位置关系有平行与相交两种，而相交的情况又分出垂直相交与不垂直相交两种。

这时再通过课件演示平行和相交两组直线（见图2-2-2），让学生闭上眼想象一下：平行的两条直线无限延长是怎样的？发现：它们的方向相同，宽窄相同。再闭眼想象：另外两条直线，无限延长后会相交。强调在判断时我们不能光看表面，而要看它们的本质，也就是这两条直线延长后是否相交。

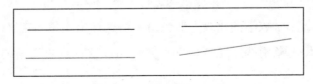

图2-2-2　平行和相交直线

教师反问："什么是平行？"引导学生概括出：在同一平面内不相交的两条直线叫作平行线，也可以说这两条直线互相平行。

在这句话中哪些是关键词呢？学生说出后，我及时演示：不在同一个平面内，这样的两条直线可以说互相平行吗？为什么？引发学生思考，得出因为两条直线处在不同的平面，它们就不再是互相平行的关系了。只有一条直线可以说是平行线吗？不是，因为平行线是相对而言的。顺势分析平行的写法和读法。

接着我们引入生活中遇到的平行现象，让学生举几个例子。需要注意的是，这些只是平行线的现实原型，平行线是这些现实原型的抽象。我们要向学生说明，它们只是平行的一种现象，不是平行线。我们可以把这些平行现象想象成无限延长。这些生活的实例是用"有限长"的经验材料来说明"无限"的过程，我们的教学任务是要走向无限的，没有对无限的想象就不会有平行线的概念。理解后，我再次让学生闭上眼睛想象一下，这些直线无限延长后是怎样的。

了解了平行的情况，在教学相交这一知识时，学生就容易理解了。孩子们会发现：平行与相交是同一平面内两条直线不同的位置关系，在描述平行与垂直的概念时，它们似乎是完全独立、互不干扰的，平行就不相交，相交就是不平行，区别明显。在例题讲解中，我发现这两个概念似乎是完全独立的存在。它们真的没有联系吗？但我们都明白任何概念都不是独立存在的，难道这里是一个特例吗？它们的联系点在哪里呢？我一直很困惑，是这本书给了我启发。

我通过动态展示让学生理解两条直线由相交到平行的过程：两条直线相

交，其中一条直线旋转成直角时，就说它们互相垂直；如果让这条直线继续转下去，就会重合在一起；如果让其中一条直线平移，它们的位置关系就变成了平行。从而感悟出平行与垂直既相互独立，又相互联系的特点。

学生会清晰地知道什么情况下可以判断平行；具备什么条件，可以判断两条直线互相垂直。发现原来通过"有限"的运动方式，两条直线间的位置关系是可以变动的，"平行"与"垂直"既相互独立，又相互联系，尤其是通过"两条直线重合后通过平移又出现了什么现象"引发学生的思考，从而明晰平行的特征。将此知识点涵盖的面不断呈现辐射式的拓展和联系，进行几个知识点的适度整合，不断融合新知与旧知。尽管平行和垂直有其本身的特征，但是通过"运动"可以将它们联系起来。

开展研读小学数学专业书籍和读物的活动，旨在探求一种新的研修方式，引导小学数学教师学会利用研读专业读物提升自我的专业素养，让教师在研读中不知不觉朝专业化方向发展。因此，在区域内开展研读专业书籍或读物活动非常有必要。为打造区域阅读共同体，开展专业研读活动需注意以下几个方面：一是引导新入职教师树立阅读目标，制定阅读计划。阅读的目标明确了，达成目标也有保证。定好目标，制定好阅读计划，阅读效果也有保障。二是组成阅读小组，及时交流及分享。开展的研读活动是面向各年龄层次、不同专业水平的数学教师的，新教师也可从前辈的身上汲取经验，使新教师的教学基本技能得到提升，甚至形成自己的教学风格。三是读与写相结合，学与教相长。通过主题式的、研读与实践相结合的形式开展形式多样的研读活动，以促进新入职教师尽快融入小学数学的教学，在一定程度上可促进教师的专业发展。开展专业研读活动，鼓励新入职教师积极参与，以老带新，提高阅读效率，共同打造区域阅读共同体。

第三章

小学数学新教师执教能力提升策略例谈

第一节　数学史进课堂——以教师学科专业知识为例

内容提要：

数学史走进课堂，即在备课过程中，教师深入思考，依照教材上的单元内容，搜寻、筛选、重组相应的数学史料，进而在课堂教学中，通过设计讲数学历史故事、数学家名言故事，阅读了解数学史料，参与数学历史小比赛，解决经典数学问题、数学家遇到的问题等环节，使学生在不知不觉中置身于历史情境、代入数学家的角色，让学生经历数学知识的发生、发展过程，经历数学知识的再创造过程，从而帮助学生厘清数学概念、理解数学知识的本质、发展数学思维。除此之外，教师通过学习数学发展过程中积淀的深厚历史文化，也进一步帮助自身厘清数学知识的发展历史，理解数学的本质和数学知识间的关系，优化自身的数学学科知识结构，提升自身的学科专业知识水平。

小学生好奇心重，喜欢探索，特别对于古代的故事和历史事件感兴趣。现在的小学数学教师学历都比较高，研究能力强，数学史知识也很丰富。这样，数学史就可以在不知不觉中走进小学数学课堂。不同的课型、不同的学习内容，数学史内容也将发挥不同的作用。下面从厘清数学概念、发展数学思维、优化知识结构、领悟数学思想和促进深度思考五个方面，阐述数学史走进课堂的具体操作和思考。

一、巧用数学史，厘清数学概念

教学中遇到学生对数学概念的提问，教师有时无从回答就会陷入比较尴尬的境地；往往教师会说这个是教材的规定，或者说是数学家发明创造的，但显然这种解释比较苍白。久而久之，学生对某些问题的思考就会减弱，提问就会减少，对数学概念的理解就会以记忆模式学习，从而不利于创新能力的培养。

数学概念的形成不是一蹴而就的，而是经过数学家漫长的探究摸索得出结论的。数学的学习要让学生知其然，更知其所以然。在学习中恰当融入数学史料知识，了解知识的产生、发展过程，博古才能更好地通今，有利于激发学生探究知识和创新能力培养。"问渠那得清如许？为有源头活水来"，数学史知识会成为学生学习的源头活水，数学家的故事可以激励学生不断奋进前行。当然，对教师的要求更高，交给学生一碗水，教师最少要有一桶水，这就需要教师不断学习以丰富自己的内涵。

在数学概念教学中，教师要对教材整体把握，要根据学生的学习基础和理解程度因材施教，因为同一个知识点在不同年级所要达到的教学目标是不同的。教师要深入理解教材，试以"小数的初步认识"教学为例加以说明。

（一）教材知识点分析

下面以义务教育教科书数学三年级下册第7单元"小数的初步认识"第一课时学习为例加以探究。

1. 小学教材中有关"数"的知识整体架构

小学阶段有关"数"的学习是呈螺旋式上升状态分布的，而认识小数是在自然数和分数初步认识的基础上开展学习的。为了让学生有一个巩固思考的内化过程，四年级上册继续认识自然数，接着在四年级下册和五年级上册集中学习小数知识，最后学习分数、百分数和负数。至此，对于小学阶段有关数的学习，学生就会有比较完整的认识。具体有关"数"的学习，各年级分布情况如表3-1-1所示。

表3-1-1　小学阶段有关"数"的学习分布表

年级	分类	学习内容	备注
一、二年级	自然数	万以内数的认识	小数学习的基础
三年级上册	分数	分数的初步认识	
三年级下册	小数	小数的初步认识	初步认识小数
四年级上册	自然数	大数的认识	认识亿
四年级下册	小数	小数的意义、性质；小数加、减法计算	进一步认识小数
五年级上册		小数乘、除法计算	
五年级下册	分数	分数的意义、性质；分数加、减法计算	完善对"数"的整体认识
六年级上册		分数乘、除法 百分数（一）	
六年级下册	分数、负数	负数、百分数（二）	

在对小学阶段有关"数"的知识学习进行总体认识的基础上，有针对性地引导学生参与学习活动，才能使其更好地厘清"小数"的概念。

2."小数的初步认识"教学要求分析

三年级下册"小数的初步认识"第一课时的教学要求：

（1）小学生对世界充满了好奇。有时教师用现有的知识和数学推理难以做出合理解释，无法满足学生的需求，可以通过数学史来答疑，有效激发学生的求知欲和培养学生质疑的能力。

（2）结合数学史的融入，了解小数的含义，能认、读、写不超过两位的小数，认识0.1米、1分米和1/10米之间的关系。

（3）了解数学的发展史，激发学生探究知识、勇于创新的精神。

（4）数学史料的呈现让学生感悟符号思想，认识小数和分数之间的关系时渗透转换思想，帮助学生逐步积淀数学思想方法。

3. 教学任务分析

在对"小数"概念教学时，不仅仅是对单一知识点的教学，尤其不能让学生死记硬背数学概念，通过让数学史走进课堂，拓宽学生的视野，激发学生深入思考，并对数学思想加以渗透，回归数学本质，让课堂教学更有数学味。

（二）数学史融入课堂教学例谈

1. 追根溯源，解答疑惑

教材从不同生活实际的场景中引入小数，用身边的数学丰富学生对小数的认知。三年级对小数是初步认识，而小数意义是四年级下册才学习的，这里只是对小数有个感性认识。因此，书本对小数概念的描述是：像3.45、0.85、2.60、36.6、1.2和1.5这样的数叫作小数。

生1迷茫了：为什么它们都叫作小数？这些数都有个小圆点，为什么不叫"点数"呢？

生2：是啊，可以叫圆数吗？

……

生3：我知道了，有小数点的就叫作小数。

……

学生的认识是直观的，发言也是很随意的，看到的就是他们想到的。但是他们好奇心重，不会有我们约定俗成的想法，学习中存在很多疑惑。这种学习状态是难能可贵的，所以教师要善于抓住时机，循循善诱，这对培养学生的创新能力有一定促进作用。

利用三年级学生喜欢听故事的年龄特点，从讲数学家刘徽故事引入：刘徽在《九章算术注·少广章》中提出整数个位以下在那个时候还无法标注名称，就叫作微数。宋代的数学家秦九韶在《数学九章》中还记录了小数的计算。到了公元13世纪，元代数学家朱世杰提出了"小数"这个名称；同年代数学家刘瑾用减低一行的方法表示小数部分。我国最早提出小数表示方法，后来传到中亚和欧洲。故事的引入能让学生感受到小数的产生和发展经过了漫长的时间，同时感受到数学家的艰辛和伟大。

教师对学生提问采取了高度重视的态度，并以此为契机嵌入数学家故事和数学史知识，恰当、适时解答了学生的疑惑，保护了学生质疑的良好习惯。

生1若有所悟地回答：原来小数的曾用名是微数。

生2：微就是微小的意思，所以就叫作小数。

小孩子是天真无邪的，他们用现代知识，用他们能够理解的范围解释了小数的产生历史。数学的学习不仅仅是思维的训练，更是激发对数学奥秘的无穷探索。

针对学生2的发言："有小数点的就叫作小数。"但在古代，小数还没有小数点，可是那些数都是小数。让学生带着问题阅读课本第99页："你知道吗？"

阅读课本，操作并思考问题：

（1）摆一摆学具：像古代时候那样摆小棒表示出小数3.12。

（2）在本子上用图形画出3.12，可以跟古代小棒表示方法不一样。

（3）小数3.12跟古代用小棒表示相比较，它们之间有什么联系吗？

（4）用小数点表示3.12优势在哪里？

学生带着问题阅读课本，会更加深入思考。第1个问题要求学生用小棒摆一摆表示出3.12。在摆的过程中，学生会很刻意地把小数部分0.12下移，突出体现了整数部分和小数部分的不同。第2个问题让学生用学过的图形画出3.12。学习能力中等或以下的学生基本是按照古代表示方法那样画出小棒；学习能力强的学生或者预习了课本内容的学生会用正方形和长方形来表示，如图3-1-1所示。

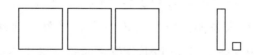

图3-1-1　学生用图形表示3.12

从图3-1-1及学生画出的3.12中，学生初步体会和感受了十进制计数法。第3个问题要求学生在找出古代和现在表示小数方法的联系中激活学生相关经验和知识基础，让学生感悟小数的含义。第4个问题要求说出用小数点来表示3.12的优势。学生们都善于发现更简洁，也更能表示出数位之间的关系，体验到数学的发展。而刚才认为"有小数点的就叫作小数"的那名同学也明白了：古时候没有小数点，小数点是随着数学的发展才出现的。

对于"你知道吗？"，很多时候教师们对于这部分教材的处理方式是让学生阅读后匆匆而过，但是这个教材资源富有内涵，在学科知识深化学习的基础上，还能使学生感受到数学的博大精深，培养学生对数学学习的浓厚兴趣和探究知识的欲望。

2. 博古通今，明晰概念

结合义务教育教科书数学三年级下册第92页例1的教学为例进行分析。

教材设计了贴近学生生活的量身高情境，学习小数的含义和写法。课本的问题是："只用米做单位怎样表示？"前面学生对小数已经有了初步感知，那么怎样把1米3分米改写为以米为单位的数呢？让学生充分发挥想象并能够说出理由表示出来。

学生展示的结果如下：13米、1.3米、1.03米、1₃米（把3下沉一行，仿照古人写法），还有的学生用图画出来，等等。显然，学生会把米和分米间隔开，1.3米和1₃米的表示方法能够明显体现数位之间的关系。

根据学生提交的结果，观察并思考：

（1）表示1米3分米的这些结果，哪些是合理的？为什么？

（2）合理表示出1米3分米的结果中，方便书写和理解的是哪一个？

（3）根据米和分米的关系来说一说写出的小数含义。

众人拾柴火焰高，发挥大家的智慧，观察所有的表示方法。其中，思考第一个问题，剔除不合理的，选择出合理的表示方法，"1.03"中的"0"很难找出合理的解释来说明这种写法的含义，被公认地剔除。在这个过程中，学生体会到米和分米、个位和十分位之间是"满十进一"。在思考第二个问题的过程中，学生的争议比较多，认为各自的书写都很方便。教师在争议中恰当地穿插数学史知识：1530年，德国数学家鲁道夫表示小数是用一竖间隔开，按照他的表示方法写例1的小数跟学生的表示方法只是实线和虚线的区别。教师趁机鼓励和表扬学生善于思考。1585年，荷兰的斯提文提出了小数记法，用他的表示法来记录我们学习的例题是：103①，容易理解但是书写不够方便。1593年，克拉维斯在《星盘》中最早使用小数点，他于1608年在《代数学》中明确以小数点作为整数部分与小数部分的分界。1614年，英国的纳皮尔在算筹中用逗号隔开：1，3。跟我们同学展示的结果不谋而合。到了19世纪末，有很多种不同的小数记法（展示给学生阅读了解），如"1⌊3""1'｜3""1˙3""1，3""1'3""1'3""1▲3""1，₃""1.₃"等表示1.3这个小数。英国和美国使用小数点"1.3"；德国、法国和俄国使用逗号间隔整数部分和小数部分"1，3"。学生在了解历史以及国内外多种表示小数的写法中，提高了对小数本质的认知，对比我们目前小数的写法，感受小数的演变和发展史。

第三个问题是让学生感受十进制计数法和进一步认识小数的含义。让学生回忆130、13这两个数中"1"和"3"分别表示的含义，猜想1.3这个小数中的"3"所表示的含义。随着学生的回答，板书如图3-1-2所示。

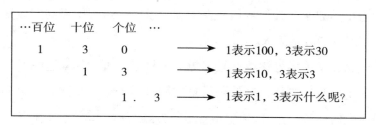

图3-1-2 板书

通过板书清晰地看出同一个数字，在不同的数位表示的含义是不同的。比如，1在百位上表示100，在十位上表示10，在个位上表示1；3在十位上表示30，在个位上表示3，那当3在个位后面一个位置（数位）时又表示什么呢？让学生带着问题思考和预习知识。

渗透十进制计数法：满十进一。穿插一个古时候的故事：据说有两支队伍打仗，胜利方清点俘虏，用1个指头代表1个俘虏，2个指头代表2个俘虏……十个手指用完了，俘虏还没有数完，怎么办呢？于是就想到把数过的十个俘虏放在一边，用一根绳子捆起来打一个结，这个结表示10个俘虏。然后接着数，一个结一个结地打下去，就可以数出有多少个俘虏了。

古今中外有二进制、六十进制，沿用至今是十进制，那么会不会跟有十个手指数数有关呢？那么以后还会不会有更好的计数法？鼓励学生思考和创新。

最后利用分数与小数的关系进一步感悟小数的意义。

通过自学课本内容，在线段图中看到分数和小数的关系，对小数有进一步的认识。

3. 巧用数学史，渗透数学思想

日本数学家米山国藏认为：真正的教育是，即使学生把教给他的所有知识都忘记了，但还有能使他受用终身的东西，那种教育才是最高最好的教育。这里受用终身的东西就是指数学思想，数学思想方法在不同的知识点、不同的年龄阶段可以进行不同的渗透。

小学数学学习中无时无刻不在跟符号打交道，发展学生的符号意识是数学教学的重要目标。数学符号的产生和发展都有一部动人的历史，每一个数学符号的背后都有令人感动的故事，凝聚着数学工作者艰辛的劳动，体现了人类的智慧。作为小学数学教师，我们要在阅读数学史的过程中提高专业知识水平，以满足与时俱进的教学需求。

小数概念教学中多处渗透符号思想。教材第99页"你知道吗？"出现了古代用小棒表示小数的方法，这就是最早的用符号来记录小数的语言和要表达的思想。如前面例1所述，安排学生用合适的方式表示1米3分米，而学生结合知识基础和学习经历思考后，把他们所理解的小数含义用各种符号呈现出来，如"13米""1.03米""1.3米""1 3米"，以及从古至今、国内国外表示小数的方法："1 ⌊3""1' ⎸3""1˙ 3""1' 3""1 '3""1 ▲ 3""1, ₃""1.₃""1.3""1，3"等，虽然符号不同，但都用特定的符号表示了小数的写法，展示了小数的历史，让学生理解了符号的含义，建立了符号意识。

在例1中通过分数与小数的关系认识小数，体现了转化思想。在线段图中表示同一个位置可以用3分米、3/10米，也可以用0.3米表示，在学习中感受转化思想。数学思想对学生今后的学习、生活有很大帮助。

众所周知，数学是一门严谨的学科，逻辑性强，承载着训练学生思维能力的任务。在这里我们还要认识到：学科知识学习、能力培养固然重要，但是在学习知识中积淀的数学思想方法，对于学生今后的学习和生活更是不可或缺的宝贵财富。教师在教学中要更多地关注这方面知识的渗透。

数学史走进课堂，帮助学生厘清概念。课堂中融入数学史的形式可以更丰富，如讲故事、了解数学史料、经典数学问题解决、小比赛等，让学生置身于历史情境中，像数学家一样亲身经历，复原古人解决数学问题的数学思想方法，体验成功的喜悦，充满自信；也可以体验数学家多次试验失败的经历，感受获取知识需要付出努力和汗水。以一节概念课教学为例进行探索，旨在说明课堂教学中教师备课的视野可以更广些、更深入些，让学生在短短一节40分钟的课里学习知识、培养能力、积淀数学思想的过程中获得更大的收获，培养视野开阔、富有创造力的人才。与此同时，教师也要在备课中寻根追源查阅资料、阅读文献，提升学科专业知识水平。

二、融入数学史，发展数学思维

数学史走进小学数学课堂是值得鼓励的，它在培养小学生数学核心素养方面具有重要的作用。在小学生数学核心素养的相关研究中，多数研究者认为：小学生数学核心素养是学生在数学学习中必须具备的品格与关键能力。因此，培养小学生数学核心素养意味着教师在教学中要有意识地关注教学目标的整体性实现，不仅需要使学生获得基本知识与基本技能，还应注重让学生自主经历数学知识的形成过程，领悟其中蕴含的数学思想，发展数学思维与关键能力，并获得基本的数学活动经验，丰富对数学学科积极的情感体验。把数学史融入课堂，不仅有助于增强课堂的趣味性、丰富学生的情感体验，更重要的是体现了数学的思想性，它能够把数学知识的产生过程再现出来，让学生经历数学知识的再创造过程，领悟其中蕴含的数学思想和方法，帮助学生理解数学知识的本质，获取探究过程的成就感。除此之外，把数学史融入教学过程中，能使学生在不知不觉中被代入了数学家的角色，实现跨越时空的交流，从而更亲近数学、热爱数学，树立学好数学的信心。

数学史走进课堂虽然具有重要的教育价值，但是落实到课堂实操层面时却不能认为是对数学史的简单介绍，应该重点关注数学史与教学内容的融合性，体现数学的思想性，帮助学生理解数学的本质。下面以人教版四年级下册"小数的加法和减法"的教学为例，谈谈如何通过引入数学史、数学家名言，帮助学生学习新知，凸显数学知识的本质。

（一）以史激活学习经验，提炼数学规律，发展运算思维

在课堂开始时，教师呈现数学史图片。学生观察发现了一个人掉进了有着分数与加减运算符号的深沟中。此时，教师开始讲述德国历史故事："人类普遍使用的十进制数中，整数有无数个，但是它们具有统一的计数单位：个、十、百、千……所以整数的加减乘除计算非常方便，就像华罗庚先生的名言——数是数出来的。"

教师接着出示填空题：645是由（   ）个百，（   ）个十，（   ）个一组成；42是由（   ）个十，（   ）个一组成；645+42是由（   ）个一，（   ）个十，（   ）个百组成，所以645+42=（   ）。

说明： 数学新课标指出，培养和发展学生的运算能力不仅要关注学生的运算技能训练，更要引导学生思考"怎样算""怎样算好""计算的道理是什么"等一系列问题，使学生的运算从操作层面提升到思维层面，发展学生的运算思维。因此，笔者通过德国历史故事和数学家名言，激活了学生学习整数加减计算的相关知识，使得学生的眼光聚焦于数的组成上，发现整数的加法计算就是相同单位个数的累加，提炼出数学规律，帮助学生从本质上认识整数的加减计算方法。

（二）以史溯源，渗透整体性思想

教师引导学生完成数数填空之后，继续补充故事："整数加减计算非常方便。整数加法就是相同单位个数的累加，数一数就算出来了，而分数就不同了。我们学习分数时会知道，分数的分母不一样，分数单位也就不一样，因为没有统一的计数单位，所以分数的计算可麻烦了。假如可以穿越到古代，你能算出8个分数的计算，那你就是很高水平的数学家了，所以图片的意思就是说这个人遇到麻烦了。因为分数计算太麻烦，所以分数特别希望自己的计数单位也能像整数一样'满十进一、退一当十'，但是分数又不能直接变过来，于是人类就找了'小数'充当桥梁，把整数和分数联系起来，所以小数又叫作十进分数。这样，小数就有了统一的计数单位（点名让学生回忆小数的计数单位及进率）。有了统一的计数单位和进率，小数的计算是不是也像华罗庚先生说的那样，数一数就算出来了呢？下面让我们一起带着华罗庚先生的名言——数是数出来的，一起走进小数的加减计算中吧！"

说明：数学教学需要弄清各个知识点之间的联系，更要找到知识点的来龙去脉。笔者通过数学历史故事，帮助学生思考整数、分数、小数之间的关系，了解小数产生的起源背景，知道小数的产生是运用十进制思想对数系进行了扩展，像整数一样也具备统一的计数单位，进而从数系整体上了解和认识小数。当学生了解到小数与整数的共性关系时，笔者再次提出华罗庚先生的名言，引导学生运用整体性思想思考小数的加减计算，帮助学生把整数加减计算的思想方法等经验迁移到小数的加减法算理探究中，为学习新知提供了思维方法上的有力支撑。

（三）借助史料，在迁移类推中理解数学本质，发展数学核心能力

在学生探究理解了小数加减计算的算理，并通过基础练习巩固形成算法之后，教师要进一步借助史料，让学生阅读数学史材料，运用所学的知识帮助古人解决小数减法问题。题目设计如下：

根据史料记载，在斯蒂文《论十进》中关于十进数有以下定义：每一个已知整数称为原始数，记为⓪；原始单位的十分之一（即计数单位是十分之一）称为第一级数，记为①；第一级数的十分之一（即计数单位是百分之一）称为第二级数，记为②，每一级数的十分之一其记号比原级数的数多1。根据你所掌握的小数加减计算方法，能够帮助古代数学家计算7⓪5①6②与5⓪4①两数之差吗？动手试一试吧（相当于现在计算7.56-5.4）。

说明：学生阅读数学史资料，运用新课所学知识帮助古代数学家解决小数减法计算问题，不但培养了学生阅读和筛选信息的能力，而且每位学生在不知不觉中被代入了古代数学家的角色，既激发了学生的学习兴趣，也促进学生将获得的数学知识、数学方法规律迁移类推运用到古人遇到的数学问题中。古代小数记法虽然与现今在形式上有所不同，但解决问题的关键仍是"把相同单位的数对齐，相同单位上的数直接相减"这个数学本质。学生在拓展应用中，不仅进一步理解了数学知识的核心本质，更有助于发展推理能力、运算能力、应用意识和创新意识等数学核心能力。

（四）回顾名言提升思维，促进学生形成整体性认知

在课堂尾声，教师带领学生回顾所学内容，引导学生齐读华罗庚先生的名言——数是数出来的，提醒学生将这句名言应用于今后分数加减等学习中。这样不仅首尾呼应，回顾了小数加减计算的本质规律，同时也帮助学生对整数、小数、分数的计算形成整体性认识，为后续分数加减计算等教学奠定思维基础。

数学史进入课堂虽然是数学教学中的一大特色，但是在课堂实践中，教师很容易误认为数学史走进课堂就是简单地向学生介绍数学史，以增强数学课堂的趣味性，认为这就是渗透了数学思想、数学文化了。在这种认知偏差下，教师经常会出现在讲授数学知识时，虽然讲述了数学史，但是与数学知识两者之间是割裂的，出现"拼盘式"的数学史走进课堂的现象。在上述案例中，课始通过数学史与数学家名言，使学生了解小数的产生背景，感悟贯穿于整堂课的数学思想，有助于学生在新知探索中掌握数学核心本质，在学生学法上起到了至关重要的指导性作用；最后让学生通过数学家的角色代入，经历数学知识的再创造过程，进一步理解数学知识的本质，发展数学思维能力。因此，在数学史走进课堂中，教师应该重点关注数学史与数学知识之间的融合性，在数学史中体现出数学的思想性，使学生在数学史中领悟蕴含的数学思想和方法，理解数学本质，真正落实"融合式"的数学史走进课堂。

三、运用数学史，优化知识结构

美国数学史家克莱因指出："数学史是数学教学的指南。数学史提供了整个数学课程的概貌和数学科学思想体系的发展过程。"目前，小学数学教师在教学实践中运用数学史的情况较少，其根本原因在于大多数教师没有系统地学习数学史，对数学史的教育价值认识不足。数学教师研读数学史，不是为了把数学史知识教授给学生，而是为了更好地教数学。教师在阅读数学史、遴选数学史料和运用数学史的过程中，能优化自身的数学学科知识结构。教师在研究学习了数学史后，了解了数学家们曾经走过哪些弯路、碰到过哪些认知障碍，会对数学教育产生新的感悟。

新课程改革要求数学教师在教学中要有意识地把数学史和教学内容结合起来。把数学史融入课堂，可以运用以下三种方式。

（一）"链接式"的运用

目前，多数教师会在课堂中使用"链接式"方法向学生介绍一些数学史知识。所谓的"链接式"教学，即教师在原有的教学设计外，在课前或课后向学生讲解与本次教学内容相关的数学史知识。例如在教学"认识平行"时，我们可以向学生介绍相关的数学史料。我们的祖先早在3000多年前就认识了平行。我国的《墨经》提出："平，同高也。"而古希腊的欧几里得在《原本》中是这样论述的："在同一平面内的直线，向两个方向无限延伸，在不论哪个方向它们都不相交，那就是平行。"教师向学生介绍数学家们是如何解释平行的，有助于帮助学生理解平行的概念。

"链接式"是教师最容易运用的方式。但运用"链接式"时，教师不能仅呈现相关的史料给学生，而要让这些数学史料帮助学生理解所学的知识。

（二）"再现式"的运用

"再现式"指的是教师通过在课堂中创造情境，再现历史的经典时刻，让学生像数学家一样，通过自己的实践和思考去探索新知。例如在教学三角形的面积计算后，教师出示教材第92页"你知道吗？"，向学生介绍我国数学名著《九章算术》中的方田章。

方田章论述了几种平面图形面积的算法，其中记载了三角形的面积计算方式为"半广以乘正从"，如图3-1-2所示。

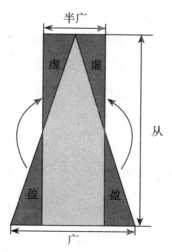

图3-1-2 半广以乘正从

请学生思考古人是怎样计算三角形的面积的，跟我们的推导方法有什么相同的地方。这个过程加深了学生对三角形面积计算推导过程的理解。通过历史时刻的再现，强化学生的认知体验和情感体验，有利于更好地激发学生的学习动机，有利于促进学生更好地进行数学思考，有利于学生更好地理解所学知识。

"再现式"的使用，要求教师在选取数学史料时，不能再简单地复制历史，而要选取与学生的数学认知相近的故事性元素，如历史上有过哪些与本节课相关的经典历史事件。

（三）"融入式"的运用

"融入式"指的是在课堂中融入历史上人类认识产生飞跃的关键进程的方法。历史上人类认识的提升，往往是因为原有的认识无法解决新的问题。教师可以设计一些情境，引导学生经历人类认识的产生、发展的过程，让学生综合运用已有的知识和经验去解决问题。例如在教学"圆的周长"这节课时，教师可以设计动手测量圆周长的活动，让学生探究圆的周长和直径存在怎样的关系。学生不难发现，圆的周长约是直径的3倍。教师顺势而为，向学生介绍圆周率的发展历史。教师在介绍数学家用"割圆术"计算圆周率时，可以借助计算机，向学生动态演示在圆内切割正多边形。通过动态演示，学生如身临其境般感知利用"割圆术"探究圆周率的过程。通过这两个活动，学生经历尝试、探究、分析、反思等过程，积累数学活动经验，也从活动中体会和掌握转化、极限等数学思想方法。学生经历了人类认识的产生、发展过程，对所学知识的理解将会更加深刻。

在课堂教学中融入数学史，教师需要对数学史料进行遴选和再创造。看似困难重重，但只要教师掌握正确的方法便会发现，把数学史巧妙地融入课堂并没有自己想象中那么难。

英国哲学家培根说："读史使人明智。"通过学习数学发展过程中积淀的深厚历史文化，有助于教师厘清数学知识的发展历史，理解数学的本质和数学知识间的关系，优化自身的数学学科知识结构，提升自身的学科专业知识水平。

四、渗透数学史，领悟数学思想

（一）把数学史融入小学数学课堂的现状

融入方式单一。华东师范大学汪校勤教授在把数学史融入课堂教学的实践中，总结出了四种融入方式：附加式、复制式、顺应式、重构式。这四种方式中，属附加式的应用最为简单，也是大部分教师在教学中融入数学史的主要方式。教师在课堂教学中常将数学史料附加在一节课的开头或结尾，未与新知识融合。在这样的课堂中学习，学生只是浅显地接触到数学史，并未感受到数学史当中的趣味、数学思想及更深层次的价值。

融入的素材简单，未进行扩充、加工。人教版教材从小学低年段就开始融入数学史知识，素材丰富，贯穿古今，横跨东西，包含了数学知识的起源与发展、数学家的贡献、数学著作、数学名题和数学思想方法等内容。数学史的呈现方式多样，有纯文字、文字配图和连环画三种方式，但篇幅较短、内容简要。教师在备课时，对于简短的数学史料并没有精心加工或者有意识地扩充。这样的教学难以激发学生对数学的学习兴趣，也很难让学生体会到数学史的魅力。

融入浅显，效益不佳。在进行数学史的教学时，教师多以灌输的形式让学生接受既定的事实，而不是让学生知道数学知识或数学思想方法背后的原因和过程。例如在教学"圆的周长"时，教师仅仅告知学生"周三径一"和祖冲之计算的圆周率两段历史素材，而学生并不知晓当中知识的发展过程。这样简单地融入，并没有将数学史与数学知识有机地联系起来，达不到激发学生的学习兴趣和领悟古人的数学思想方法的效果。

（二）把数学史融入小学数学课堂的方式

对于如何有效地将数学史料融入数学课堂中，需要教师对数学史料进行合理筛选、组合和改造，适时融入教学过程中，使学生听起来自然，容易接受，乐于接受，并能从数学史中得到启发，从而达到数学教学所追求的效果。笔者选取人教版小学数学四年级下册第九章"数学广角——鸡兔同笼"这一课，探究把数学史融入小学数学课堂的方式。

1. 收集史料

"鸡兔同笼"问题是我国古代著名的数学趣题，流传至今有1500多年。这个问题最早出现在《孙子算经》中，原文为："今有雉兔同笼，上有三十五头，下有九十四足。问雉兔各几何？答曰：雉二十三；兔一十二。"书中还展示了两种算法过程，方法一："上置三十五头，下置九十四足。半其足，得四十七。以少减多，再命之。上三除下三，上五除下五。下有一除上一，下有二除上二，即得。"方法二："上置头，下置足。半其足，以头除足，以足除头，即得。"

后来，"鸡兔同笼"问题又被明代程大位收录于《算法统筹》中，并给出了两种与《孙子算经》中的"半足法"不同的算法——"倍头法"，算理与现在的"假设法"相同。第一种算法是先求兔的只数："置总头倍之得七十，与总足内减七十余二四，折半得一十二是兔。以四足乘之得四十八足，总足减之余四十六足为鸡足，折半得二十三只。"第二种算法是先求鸡的只数："以四因总头，减去总足，余折半得鸡，减总头数余得兔。"

2. 挖掘史料中的价值

"鸡兔同笼"问题来源于生活实际，同时又用于解决生活问题。比如《镜湖缘》中的"灯球问题"、日本的"龟鹤问题"，充分体现了数学来源于生活，又服务于生活，让学生感受到数学的实用性。这个问题的实质是二元一次方程组问题。古人的解法虽然只讲述了计算方法，没有说明算理，但本质上还是"消元"，运用了假设思想。教师可以向学生介绍古人的计算方法，渗透化繁为简、假设的思想方法，帮助学生理解"鸡兔同笼"问题的本质，建立问题模型。

3. 设计思路

教师首先以图片的形式导入《孙子算经》中的"鸡兔同笼"问题。历史中的原题数量较大，同时还要求求出两个量。由于学生首次遇到这样的问题会无从下手，教师可以让学生尝试猜测结果，然后尝试调整。这样不仅可以激发学生的学习兴趣、激活课堂氛围，还可以培养学生的思维能力。

在学生猜测3次后还得不到正确结论的情况下，将头数减至8个、脚数减至26只，渗透化繁为简的思想。当数量少了之后，学生便容易猜到结果，并把猜测的结果列成表格，经历列表的形成过程，同时感悟"增加1只鸡，同时减少1只兔，脚的总数减少2只（或减少1只鸡，同时增加1只兔，脚的总数增加2只）"的变化规律，为后续"假设法"的探究和算理的理解做好铺垫。

接着设置问题："能不能先假设一组数据，例如6只鸡，5只兔，共18只脚，然后一次调整到正确结果呢？"教师将学生从列表法引导至探究假设法的环节中，让学生继续探索更简便的解决问题的方法。不同的学生可能假设的数据也不相同，组织学生交流，优化计算方法，引导学生发现假设全都是鸡或者全都是兔时，计算起来会更简单。

在运用假设法解决情境图中的"鸡兔同笼"问题后，学生基本上已经掌握了假设法，理解了假设法的本质。此时教师可以引入史料，介绍《孙子算经》和《算法统筹》中的解法。书中原文的表达生涩难懂，需要教师翻译成让学生容易理解的表述，如"半脚法"的表述：（1）假如让鸡抬起一只脚，兔子抬起两只脚，地上还有94÷2=47只脚，此时鸡变成了"单脚鸡"，兔子"站"了起来；（2）如果让每只鸡、每只兔再抬起一只脚，有35个头，一共抬起了35只脚，还有47–35=12脚在地上，此时鸡就"坐"在地上了，兔子还剩1只脚"站"在地上，所以兔子有12只；（3）最后用总头数减去兔的只数：35–12=23，就是鸡的只数。"倍足法"的表述：（1）假如把鸡的翅膀看成脚，让所有鸡的翅膀着地，这时每只小动物都有4只脚，一共有35×4=140只脚；（2）原来有94只脚，所以鸡一共有140–94=46只翅膀着地；（3）一只鸡有2只翅膀，所以一共有46÷2=23只鸡，再用总头数35–23=12，得到的就是兔的只数。这样的表达不仅通俗易懂，还能让学生感受到数学史的趣味性，再配上对应的图片，数形结合，加深了学生对"鸡兔同笼"问题本质的理解，也进一步渗透了假设思想。

最后在课堂练习环节，教师让学生独立完成日本的"龟鹤问题"，一方面可以让学生感受"鸡兔同笼"问题的广泛应用，另一方面也可以巩固解决这类问题的方法，进而建立解决问题的数学模型。

（三）结语

数学史不仅能够拓宽学生的知识面，还有助于学生数学核心素养的养成。为了使学生能够真正体会到数学知识的独特魅力，帮助他们更加高效地学习数学知识，教师要善于利用学校数学教材中的数学史素材，通过向学生呈现有趣的数学史来激发学生学习数学知识的兴趣，促进学生思考问题、拓宽思维，帮助学生更好地理解数学知识的本质。

五、利用数学史，促进深度思考

从远古时期至今，数学一直伴随着人们的生活。小小的数学知识背后有着历史大背景。教师研读教材过程中要对教学知识点的宽度和纵深进行思考，教学设计关注知识的来龙去脉，让有限的教学时间带给学生更多的启迪。

（一）研读小知识，挖掘大背景

数学史源远流长，但是数学史料并不一定会直观展示在教材中，而是有赖于教师利用多种途径去挖掘。教师深度挖掘数学知识背后丰富的数学史，是恰当融入数学史的前提，也是突破教学重难点的有效途径。多位数学家认为，儿童的认知发展与人类历史发展所走过的道路是相同的，让学生在课堂上快速经历数学史各个阶段，有利于学生对知识的学习和掌握。

1. 显性知识挖掘历史背景

教师要善于从显性数学知识中挖掘隐性的数学历史背景。例如人教版《义务教育教科书·数学》一年级上册学习"0的认识"，教材中呈现了"猴子吃桃"的情境，引出对"0"的认识，并借助直尺上的"0"体会"0"还可以表示起点。在学习过程中，学生对"0"显得迷茫。为了解答学生的疑惑，教师查阅"0"的发展史：1881年，在古代印度西北部距离白沙瓦市约80公里的一座名叫巴克沙利的村庄，佃户在挖地时发现了书写在桦树皮上的手稿，记载了公元元年前后的印度数学，当时的"0"是用实心的点表示，后来逐渐演变成圆圈，而圆圈表示"0"最晚于9世纪在印度出现。"0"既表示"无"的概念，又表示位值制记数法中的空位。我国的"0"与世界发展一致，在战国时期就用空表示"0"了。中国数字空位用方框表示，慢慢就用圆圈取代了方框，由此圆圈"0"产生了。

对"0"的认识是比较抽象的，而且教师难以提供直观、具体的数量与之建立联系，因而利用数学史激发深入思考，可以采用多种形式把数学史融入课堂教学中。如可以通过讲故事深入浅出地嵌入式穿插教学，也可以把情境展示融入课堂教学复原古代"0"的发展史，从而让学生体验和感知"0"的意义。再结合学生身边的情境理解"0"，激活学生已有的生活经验和数学知识，让学生经历与历史上的数学家们类似的知识形成过程，扫清学习上的障碍。这样在遵循学生认知特点的基础上，能够拓宽学生视野，激发学生数学学习热情，并能增强学生对教学知识深入思考和理解。

教学中引入我们古代"0"的发展史，让学生了解我们国家远古时期人们的智慧和国家的强大，激发爱国热情，培养学生创新意识，继续深入探寻开发利用大自然资源。

2. 由"点"挖掘出"面"

教师要善于由教材中数学史料的一个"点"挖掘出整个"面"。例如人教版《义务教育教科书·数学》五年级上册第六单元"多边形的面积"这个教学内容，教材中提供的数学史料："我国古代数学家刘徽利用出入相补原理来计算平面图形的面积。出入相补原理就是把一个图形经过分割、移补，而面积保持不变，来计算出它的面积。"

教师介绍"出入相补"原理的由来："例如同样的七块板，虽然形状可以发生各种各样的变化，但是它们的面积却是不变的，这就是数学上'出入相补'的原理。这个原理最早是由我国著名的数学家刘徽提出来的，他被称作'中国数学史上的牛顿'。"教师用这样鲜活的数学史引入的方式，可以增强学生的民族自豪感和认同感，并激发学生学习兴趣。

刘徽就是利用"出入相补"的原理研究平行四边形的面积。我们将沿着数学家的足迹探究平行四边形的面积计算，让学生明白：利用"出入相补"的原理，把平行四边形转化成了长方形，在转化的过程中虽然形状变了，但是面积却没有变。

学生在掌握了用"出入相补"原理求平行四边形的面积后，深入思考三角形、梯形甚至一些不规则图形也可以用这种方法去求它们的面积，促进知识的正迁移，同时体验转化的数学思想方法。

教材中"出入相补"这个数学史料仅仅是放在单元总结中的一个"点"，而教师要善于融合相关的知识，引导学生把这个"点"放大到整个"面"，让它贯穿于整个单元的学习中，以及这种思想方法还可以运用到今后的学习和工作中。

从数学史中了解教材知识产生和发展的大背景，可以丰富教师专业知识储备，帮助教师研读教材，适时适当地将数学史融入教学中，充分发挥数学史的教育价值，加深教师对教学的深度思考和对教材的进一步理解，使教师合理安排教学环节，促进教师对数学历史文化的认识及提升其数学素养。

（二）观察生活现象，思考数学本质

在备课过程中，教师深入思考，依照教材上的单元内容，搜寻相应的数学史料，想象自己进入历史上的数学知识活动参与者的心灵之中，做出教师自己诠释性的反思；在课堂教学中，设计让学生经历历史上数学家们探究发现知识的过程，有助于学生了解数学知识的历史渊源，激发学习热情，提高学习效果。

比如生活中可能性的现象处处可见，人们一般用抛硬币的方法来决定概率事件。例如在教学人教版《义务教育教科书·数学》五年级上册"可能性"时，教师研读教材，深度思考理解教材，查阅文献，巧妙设计，合理安排教学过程，让学生重走数学知识的建构过程，引导学生通过实践掌握技能技巧，认真观察实践现象，发现知识本质。

在课堂教学中，教师把全班学生随机分为8个小组，让每个小组成员每人抛硬币10次，记录数据并填入小组合作表。完成小组实验后，记录员将本组的总计填入班级总表中进行合计，提醒学生注意思考：正面朝上的次数与总次数有什么关系？通过实验发现：当抛硬币次数较少时，正面朝上的可能性并不一定就是总次数的 $\frac{1}{2}$，数据具有随机性，但当我们把全班各小组所抛次数合计一下，就能发现：随着抛硬币的次数增加，正面朝上及反面朝上出现的次数会逐渐接近，也就是出现可能性相等。这与历史上一些数学家抛硬币的实验结果是相同的，如表3-1-2所示。

表3-1-2　历史上的一些数学家抛硬币的实验结果

数学家	总次数	正面朝上次数	反面朝上次数
德·摩根	4092	2048	2044
蒲丰	4040	2048	1992
费勒	10 000	4979	5021
皮尔逊	24 000	12 012	11 988
罗曼列夫斯基	80 640	39 699	40 941

通过研读数学史，教师巧妙地将数学史融入课堂教学活动中，引导学生沿着历史的足迹研究数学，让全班同学在不知不觉中将自己当作数学家一样做实验。发现知识，理解算理，让学生体验再创造的快乐，在教学中也适时培养了同学们团结协作、合作共赢的意识及鼓励学生向数学家们学习，感悟坚持不懈的努力才会越来越接近成功的道理。

数学从产生起就与人类生产劳动紧密相连。生活中处处有数学。比如人体的构造，大自然中树叶、花瓣的组成，一切美的造型，都离不开黄金分割的使用。古代人利用大自然中日出、日落的周而复始及滴漏壶现象，巧妙制造日晷、铜漏壶等记录时间的工具。数的产生、发展过程，神奇的斐波那契数列，等等，无不体现了古人的智慧、数学的神奇与伟大。在教学中，教师要以数学教学为主轴，同时考虑学生的认知心理和想法，深度思考数学史材料如何经过适当的裁剪和处理，使之助力于课堂教学，拓宽学生视野，培养全方位的认知能力，实现多元文化关怀的目标。

（三）阅读数学史，融入课堂教学

数学史在小学数学课堂教学中是学习数学文化、感受数学思想的重要载体之一。数学史辅助教学的过程中，由于教材内容和学生接受能力的不同，教师应对历史材料进行必要的加工和剪裁。荷兰数学家弗莱登塔尔的"再创造"的观点正好可以说明此类问题。

在重视培养学生学习能力和发展思维的数学课堂上，教师从分析教学的需要入手，深入研究教材，灵活处理教材，通过考查知识点的历史发展、教学目标，以及学生本身的认知特点及知识水平来制定具体的课堂教学计划，再选择合适的时机，恰到好处地引入数学史知识，将有利于引导学生全面理解数学知识，拓展思维，举一反三，提高学生的迁移能力和教学效益，推动课程教学顺利完成。这对教师的教学提出了更高要求，需要教师深入阅读并思考才能更好地设计课堂教学环节。在此实践教学过程中，教师的反思和批判能力也能得到提高。

例如在人教版《义务教育教科书·数学》四年级下册"简便运算"教学中，为了培养学生的数学思维和举一反三的能力，教师在备课时思考要把著名数学家高斯的故事融入课堂教学中，通过实践让学生体验计算"1+2+3+……

+98+99+100=？"这个连加算式用一个数一个数加起来的方法难以确保正确率高，还费时费力；引导同学探究发现，换一种思维，换一种角度，巧妙搭配，分组计算，将出现"1+100=101，2+99=101，3+98=101……，49+52=101，50+51=101，这样等于101的组合一共有50组，答案就是101×50=5050"。这样的思路，简明易懂，正是聪明的"数学王子"高斯解决1连加到100的简算方法。教师有效安排教学过程，先让学生自由独立计算，通过自己的实际操作活动，发现自己的算法既烦琐又容易出错，不易得出准确答案，而通过学习，领悟到"数学王子"的巧算思维，能快速、准确地知道结果，又学习感悟了等差数列求和的相关知识，巧妙搭建了相关知识之间的桥梁。在教学中，教师要恰当引导，教育同学们今后在遇到新问题时，都应该先思考之前学过、做过的相关习题和解决方法，进行综合思考，找到最佳方案，采取最优方法解决问题。可见，教师深入理解教材、思考教学环节、把数学史融入课堂教学的有效性是很重要的。

（四）品读数学家故事，培养优秀品质

1. 借鉴数学家故事，培养良好品格

榜样对人的影响很大。数学史中众多鲜活生动的数学家的故事就能够启迪和促使学生形成良好的品格。在课堂教学中，教师应当根据教学内容适时融入相关的数学家故事。

比如教师可以让学生经历用"割圆术"探究圆周率的过程，感受数学家孜孜不倦的探究精神。先秦时期的数学著作《周髀算经》中已经有"周三径一"的记载，这个数值在很长一段时间里被用来进行圆的有关计算。但刘徽认为，用"周三径一"计算出来的周长，实际上并不是圆的周长，而是圆内接正六边形的周长，其数值要比实际的圆的周长小很多。于是刘徽决定继续分割，做成一个圆内接正十二边形、正二十四边形……按照这样的思路，刘徽把圆内接正多边形的面积一直算到了正3072边形，并因此而求得了圆周率为3.141 5和3.141 6这两个近似数值，最后还指出"割之弥细，所失弥少，割之又割，以至于不可割，则与圆周合体而无所失矣"。

正因为刘徽不满足于已有的结论，才会孜孜不倦地进行探索。要进行如此

精密的计算，在当时是一项极为细致而艰巨的脑力劳动，而且需要日复一日地重复这种状态，如果一个人没有极大的毅力，是完成不了这项工作的。教师可以利用数学史引入数学家故事。数学家们的故事不仅可以为学生指明道路，还对学生树立远大的理想起到了促进作用。数学家那种严谨治学的态度，坚持不懈、勇于探索的精神，能够让学生感到震撼，激励学生攻坚克难、奋发图强。

2. 对比探索成果，发展数学思维

数学史上有不少数学问题吸引了一个又一个数学家研究并完善。以人教版《义务教育教科书·数学》六年级"圆"的"圆周率"由来为例：据《周髀算经》记载，早在先秦时期就有数学家利用"化曲为直"的思想得出"周三径一"的结论；到东汉的张衡，他从研究圆与它的外切正方形的关系中研究圆周率，这个数值比"周三径一"精确了一些；魏晋时期刘徽创立了"割圆术"，用圆内接正多边形逐步逼近圆，内接正多边形边数无限增加时，周长就无限接近圆周长；而到了南北朝时期，祖冲之则把圆周率精确到小数点后第七位；现在借助计算机已经计算出圆周率小数点后面六十万亿位。

教师根据知识点学习要求查阅文献、研读数学史，通过古今对比，了解数学家们不满足于现有知识结论，通过多途径、多角度、多样化的解决策略，在分析问题的过程中数据采集精确的科学研究精神。在圆周率研究中，教师们发展数学思维并逐渐得出精密的科学结论，同时渗透"化曲为直"和极限思想，有利于培养数学思维和数学思想方法，感受从古至今，探寻未来。

由此可见，教师研读教材，挖掘数学知识背后的大背景，利用数学史深度思考，合理进行教学设计，对教师的专业发展起到促进作用，对激发学生学习数学的热情和培养创新人才也有明显的效果。

第二节　阅读共同体——以教师阅读习惯为例

内容提要：

阅读共同体，即通过教师工作室、学科组等团体，开展研读小学数学专业书籍和读物的活动。教师之间相互影响、互相督促，撰写阅读笔记，分享阅读所得，养成良好的阅读习惯和阅读方法，使团体内的教师构建成阅读共同体。阅读共同体的构建能加快教师专业素养提升。教师们在研读中获得MK（数学学科知识）、PK（教学法知识）、CK（数学学习知识），并将其运用到教育教学中。

教师的理想信念、扎实学识从哪儿来？阅读！阅读使人产生智慧，阅读使人产生快乐。高尔基曾说："读书，这个我们习以为常的平凡过程，实际是人的心灵和上下古今一切民族的伟大智慧相结合的过程。"教师是人类灵魂的工程师，在阅读的过程中塑造自我，在教育教学中对学生进行潜移默化。为了使新入职教师明晰阅读的重要性、养成良好的阅读习惯，在区域内开展研读活动，共同构建阅读共同体。

为对新入职教师展开深入研究，课题研究小组首先开展小学数学新入职教师阅读状况调查。

一、小学数学新入职教师阅读状况调查

1. 调查背景

随着教师行业逐渐受到重视，新加入教师队伍的应届毕业生数量日益增加。据不完全统计，自2014年起，白云区小学数学新入职教师人数逐年增加，

其中，近3年新入职小学数学教师达90多人，约占全区小学数学教师总人数的6％（部分民办学校的新教师未计算在内）。在新入职教师中，有不少毕业于综合性大学，而这部分新教师在职前教育中没有接受过系统的师范专业训练。通过对新入职教师及其同事进行访谈得知，新入职教师任教时出现的问题，往往是由于对小学数学学科思想把握不到位。一方面，访谈结果表明，不少新教师不了解小学生学习特点，教学方法以讲授为主，不懂得如何设计数学活动让学生自主学习、自主探究，教学缺乏技巧，等等。另一方面，访谈结果显示，新入职教师学习能力强，有强烈的求知欲，热爱工作，具有创新的想法。可见，新教师的能力结构尽管有所不足，但具有较强的可塑性。

教师的专业成长，归根结底决定于两件事：一是实践与反思，即"教书"；二是学习与汲取，即"读书"。习近平在2014年2月接受俄罗斯电视台专访时谈到自己的爱好时说："现在，我经常能做到的是读书，读书已成了我的一种生活方式。读书可以让人保持思想活力，让人得到智慧启发，让人滋养浩然之气。"因此，本次调查的目的是了解新入职教师的阅读情况，再结合教师们的阅读情况开展有针对性的数学教师专业书籍的研读活动，既让教师们"读书"，也让教师们"教书"，通过将阅读所得的知识应用到实践当中，从而提升小学数学新入职教师的专业素养。

2. 调查方法

本次调查以问卷调查为主要形式，调查对象是白云区近五年新入职的数学教师。

（1）调查内容

调查的内容包括教师阅读的目的、方式、时间、内容、兴趣偏向等。

（2）调查对象

在受访群体中，我们从新入职教师的性别、所在的学校地域、学历和工作年限上进行调查。表3-2-1～表3-2-4的结果表明，我们的调查对象覆盖全白云区近几年入职的新教师，调查数据真实有效。调查的对象中，学历均符合白云区的入职要求，其中有1位是研究生，最低学历是大专生，有3位。

表3-2-1　新入职教师的性别

问题	您的性别：（　　　）	
选项	男	女
人数（人）	13	88

表3-2-2　新入职教师的工作年限

问题	您的工作年限：（　　　）				
选项	不足1年	1年	2年	3年	3年以上
人数（人）	35	23	18	8	17

表3-2-3　新入职教师所获的最高学历

问题	您所获的最高学历：（　　　）		
选项	研究生	本科	大专
人数（人）	1	97	3

表3-2-4　新入职教师所在学校的类型

问题	您所在的学校是（　　　）		
选项	农村小学	城镇小学	城市学校（含城乡接合部）
人数（人）	48	3	50

（3）调查方式

为使调查结果客观、全面地反映白云区小学数学新入职教师的阅读情况，本次调查以广州市白云区教育研究院小学数学科组织的全区小学数学新入职教师的培训对象为调查对象。调查对象既有城市学校的教师，也有城镇小学及农村小学的教师，均是白云区小学数学科新入职教师。本次调查以网络问卷的方式进行，通过网上发放问卷调查表，共收回有效问卷调查表101份。

3. 调查结果与分析

（1）新入职教师阅读的目的

调查结果表明：大部分的新入职教师的阅读目的在于自我提升，为了工作而开展阅读的教师占比较小，其中69.3%接受调查的教师阅读的目的是"获取知识，开阔视野"；24.7%接受调查的教师阅读"没有目的，就是喜欢"；只有

3.0%接受调查的教师阅读是"由于工作的要求或压力，必须读书充实自己"，如表3-2-5所示。

表3-2-5　新入职教师阅读的目的

选项	没有目的，就是喜欢	获取知识，开阔视野	由于工作的要求或压力，必须读书充实自己	丰富自我，提高文学素养	娱乐消遣	学校（上级）要求
人数（人）	25	70	3	2	1	0
占比（%）	24.7	69.3	3.0	2.0	1.0	0

（2）新入职教师选择阅读书籍的依据

调查结果表明：在选择阅读的书籍方面，101名受访的教师中，有69人（占比68.3%）是为需要而选择阅读的书籍或读物；有56人（占比55.4%）是选择公认的经典、有思想内涵的书籍；有17人（占比16.8%）选择销量高的书籍，如表3-2-6所示。

表3-2-6　新入职教师选择阅读书籍的依据

选项	没有标准，只要是自己喜欢的	公认的经典、有思想内涵的书籍	销售量高的书籍	为需要而选择，如教学需要、育子需要、健康需要等
人数（人）	47	56	17	69
占比（%）	46.5	55.4	16.8	68.3

（注：本题为多选题，因此各选项占比和超100%）

（3）新入职教师阅读的时间

根据调查数据发现，新教师每天阅读时间在半小时或以上的占78.2%，这说明大部分新入职教师意识到阅读的重要性，但阅读的时间并不长，一般半小时左右；有21.8%的教师几乎没有时间进行阅读，如表3-2-7所示。

表3-2-7　新入职教师阅读的时间

选项	几乎没有时间阅读	半小时左右	1小时左右	2小时左右	2小时以上
人数（人）	22	57	19	2	1
占比（%）	21.8	56.4	18.8	2.0	1.0

（4）新入职教师阅读的数量

根据调查发现，24.8%新入职数学教师在工作期间几乎没有阅读过数学专业书籍或读物，差不多占新入职教师的四分之一。通过访谈得知，这部分教师没有阅读专业书籍或读物，主要是除教学任务外，平时的业务也比较繁重，阅读意识比较淡薄，极少从书中汲取教学经验并反思自己的教育教学行为，难以提高自身的专业素养。但从表3-2-8中也发现了有个别新教师特别上进，经常阅读数学专业书籍或读物。

表3-2-8　工作期间新入职教师阅读数学专业书籍或读物的数量

选项	几乎没有	1~2本	3~5本	6~9本	10本以上
人数（人）	25	49	21	4	2
占比（%）	24.8	48.5	20.8	3.9	2.0

（5）新入职教师阅读的方法

调查结果表明：有66.4%的新入职数学教师懂得科学的阅读方法，会边读边批注、摘抄语段，甚至写读书笔记或读后感。综合表3-2-8和表3-2-9计算，有一半人阅读数学专业书籍或读物是有效的。

表3-2-9　新入职教师阅读的方法

选项	边读边批注	写读书笔记或读后感	摘抄语段	随便读读而已，没有什么方法
人数（人）	34	11	22	34
占比（%）	33.7	10.9	21.8	33.6

（6）新入职教师阅读的规划

从表3-2-10中可以看出，新入职的小学数学教师的阅读普遍没有什么规划，就算有规划也不能执行或坚持；只有7.9%的新入职教师有详尽的读书计划，并能严格执行。

表3-2-10　新入职教师阅读的规划

选项	有详尽的读书计划，并能严格执行	从来没有，想读的时候就读	有详尽的读书计划，但坚持不下来	有时候有读书计划，但不怎么执行
人数（人）	8	41	17	35
占比（%）	7.9	40.6	16.8	34.7

（7）新入职教师阅读影响因素

根据调查发现，白云区新入职教师反思自身在进行数学专业书籍阅读时，存在的不足排在首位的是不能够坚持阅读。新教师认为自己工作太忙，没有时间阅读，从侧面上也反映了新教师的工作还没完全适应，方法有待改进，或者现代教师的任务的确太多，教师们有点应接不暇，如表3-2-11所示。

表3-2-11　新入职教师阅读影响因素

问题	您认为自身在进行数学专业书籍阅读时存在哪些不足？（　　　）					
选项	太忙，没时间阅读	不能够坚持阅读	没有阅读方向	没有系统化阅读	读后即忘，感觉没有收获	其他
人数	55	72	51	57	47	3

（8）阅读对新入职教师专业发展的作用

调查发现，新入职教师普遍认为阅读数学专业读物对自己在教育教学工作中是有帮助的，认为阅读数学专业读物和书籍对自己在教材的理解、教学设计以及撰写教学案例、教学论文等方面的工作有提高作用，如表3-2-12所示。

表3-2-12　阅读对新入职教师专业发展的作用

问题	您认为阅读数学专业读物对自己在哪方面的工作有提高作用？（　　　）				
选项	教材的理解、教学设计	撰写教学案例和教学论文	评课、议课	教学理念的更新	教学专业理论
人数	87	71	62	37	66

党的十九大报告指出要培养新时代的"四有"好教师，因为今天的学生就是未来实现中华民族伟大复兴中国梦的主力军，广大教师就是打造这支中华民族"梦之队"的筑梦人。教师获取教育教学知识的途径不只读书这一条，但任何人不可能所有知识都通过自身实践操作而得，因此学习借鉴前人或他人的知识经验是提升教师专业素养的基本途径。因此，对于人民教师来说，读书学习也应成为生活常态；作为小学数学教师，我们要通过阅读，学习成为小学数学教师这一岗位所需要的数学学科教学知识（MPCK），提升自己的数学素养、数学教学专业水平，以便更好地履行岗位职责、适应数学课程的变革、提高学

生的数学学习质量；作为小学数学新入职教师，我们更应把阅读专业书籍作为每天的必修课，使自己更快地适应新岗位、新环境。

二、开展研读活动，提升小学数学新入职教师专业素养

阅读是从视觉材料中获取信息的过程，是一种理解、领悟、吸收、鉴赏、评价和探究文章的思维过程。视觉材料主要是文字和图片，也包括符号、公式、图表等。"研"意为钻研、研究；"研读"即钻研阅读（Study And Read Intensively），是一种深入性的阅读，在阅读期间以文献调查、思辨、实践运用等方法获得较深入、较全面的知识为目的。开展研读小学数学专业书籍和读物的活动，旨在探求一种新的研修方式，引导小学数学教师学会利用研读专业读物提升自我的专业素养，在研读中获得MK（数学学科知识）、PK（教学法知识）、CK（数学学习知识），并将其运用在教学中。在研读的过程中，教师之间互相影响，养成良好的阅读习惯，有利于小学数学新入职教师朝专业化方向发展。因此，在区域内开展研读专业书籍或读物活动非常有必要。开展研读活动，促进小学数学新入职教师MPCK的发展，要注意以下几点：

1. 明晰新入职教师阅读的重要性，重视阅读的价值

苏霍姆林斯基曾说过："教师获得教育素养的主要途径就是读书、读书、再读书。"通过调研和问卷调查，我们发现101名受访的新入职教师中有69.3%的教师明白阅读的重要性，但部分新入职教师觉得适应新环境已焦头烂额，根本没有时间去阅读，甚至认为自己的学识应对小学阶段的教育教学绰绰有余，不需要阅读学习。殊不知，时代是发展的，学生在不同的时代的表现也会有所不同，知识也不是一成不变的。作为小学数学教师，我们要培养学生的"四基"——基础知识、基本技能、基本思想、基本活动经验，仅有在校期间学到的知识还远远不够。新入职教师需要模仿有经验的教师进行授课，而模仿的对象可以是学校里的同事，也可以是校外同行。新入职教师在平常的教学实践过程中，反思—实践—再反思—再实践。专业的书籍、读物是很好的传播媒介，而研读专业书籍和读物是省时、有效的汲取经验的途径之一。

2. 充实新入职教师的阅读书架，满足阅读需求

根据调查，在工作期间几乎没有阅读过数学教育教学专业类的书籍或读物的教师占24.8%，也就是说，差不多四分之一的教师只凭自己以往的学习经验来教授学生，并不能从书中汲取教学经验并反思自己的教育教学行为，这就难以培养祖国所需的德、智、体、美、劳全面发展的社会主义建设者和接班人，难以提高教师自身的专业素养。现在的出版物浩如烟海，教育教学类专著、杂志也不少，但人的精力是有限的，要全部读完是不可能的事情。在选择阅读的书籍的调查中，72.2%的受访教师会选择公认的经典、有思想内涵的书籍或者销量高的书籍，这从侧面反映了新教师的阅读内容会受潮流、舆论的影响，需要引导。作为新入职的小学数学教师，选择本学科专业、教育教学策略、教学案例等方面的优秀书籍或读物进行研读，对教育教学工作是大有益处的。例如让新入职教师共读张奠宙先生的《小学数学教材中的大道理》。这本书共有28个课题，且每个课题配以"原始文稿""一线回声""数方夜谈"三类文字，从不同侧面对小学数学的核心概念作深度的剖析，难易程度适当，理论与实践案例相结合，适合教师们阅读。共读计划的实施，使新入职教师更加关注对数学核心概念的理解，有利于对数学本质的深入理解。给新入职教师推荐阅读专业书籍或读物是有必要的，能让新教师少走弯路，给他们以正确引导。

3. 以"问题驱动"开展研读活动，读而有获

当教师们参与的学习活动是建立在自身对教学内容有充分思考的基础上，有自己的见解时，这些学习活动才有意义，才能对新入职教师的MPCK发展具有影响作用。如得知《小学数学教师》杂志社主编陈洪杰老师发起共读张奠宙先生的《小学数学教材中的大道理》活动后，笔者在此基础上在所在工作室发起共读计划（见表3-2-13）。由于每个人都有自己的兴趣点和思考点，在这样的安排下，教师通过阅读单和分享单中的问题提示及引导，会在阅读的过程中带着问题去学习，在遇到不懂的或有疑惑的甚至激发教学实践的灵感之处进行批注。通过查阅、沟通、分享的学习形式进行深入学习与加工，阅读有目标，阅读有针对性，学习效果会更好，收获会更大。

表3-2-13 《小学数学教材中的大道理》共读计划

阶段	内容	时间	展示形式
第一阶段	通读全书，完成阅读单。 张奠宙先生《小学数学教材中的大道理》阅读单 **阅读前**：根据主题内容，我觉得自己已经知道了：1. 2. 根据主题内容，我猜测作者会讨论的核心问题是：1. 2. **阅读中**：我认为，这一主题的核心观点有：1. 2. **阅读后**：哪里读不懂？哪里读起来最容易？哪里最有启发？哪里你最不同意？ **反思**：我的疑问是？我还想了解的问题是？我准备如何去了解和实践？	7月份	7月31日前上交阅读单到群组交流分享
第二阶段	再次阅读全书，完成分享单。 张奠宙先生《小学数学教材中的大道理》分享单 **阅读前**：我使用的是（　　）版教材，这一主题内容，教材是这样编排的：1. 2. 我认为，教材这样编排的目的是： **阅读中**：我之前在教学中，这样体现教材意图（思考与实践）：1. 2. **阅读后**：张奠宙先生对这一主题内容的核心观点是：1. 2. **反思**：哪里最有启发？哪里你最不同意？哪一点会引发你思考或实践的改变？	8月份	8月25日前上传到科组群里交流分享

阶段	内容	时间	展示形式
第三阶段	精读书中部分内容，结合教学实践，通过"微说课"的形式把阅读到的某个教学理念、教学观点等表达出来（即某一知识点或课中的任意一个环节，如导入、新授环节、探究过程、练习设计意图、总结等）	9月份	智慧阅读品数学"微说课"展示

4. 师徒结对，营造良好的阅读氛围

与有经验的教师交流可以促使新教师快速成长。在开展研读活动的过程中，以"师徒结对"形式，通过主题式共读、阅读与实践相结合等形式多样的研读活动，新老教师之间互相分享与研讨，思维碰撞，在一定程度上促进了新入职教师尽快融入小学数学的教学中，也利于有经验的老教师接触新的教学思想与方法。例如共读张奠宙先生的《小学数学教材中的大道理》一书活动中，采用"师徒结对"形式，让"师父"与"徒弟"结对子，"徒弟"通过通读教材体系，预设教学情境，记录研读中发现的问题，与"师父"沟通该如何处理，让教学问题能及时得到解决；在共读计划的第三阶段——分享环节中，采用"师父"阐述"微说课"的设计意图、教学思想等，由"徒弟"演课，"师徒"二人共同参与到分享的过程，理论与实践相结合。新教师因为在信息教育技术等方面比较有优势，也会给老教师带来帮助，相得益彰。

青年教师是教育事业的生力军，肩负着课程发展与未来教育的重任。加强小学数学新入职教师的阅读指引，开展有效的研读活动，提升他们的专业素养，可以反哺到学生的身上，促进学生更好地发展。

三、养成良好的阅读习惯，遇见更好的自己

良好的阅读习惯是影响教师一生的好习惯之一，阅读习惯是在人们长期实践中养成的。毛泽东曾说过："饭可一日不吃，觉可一日不睡，书不可以一日不读。"意思是说人一天不吃饭不会饿坏的，一天不睡觉也不会累坏的，但如果一天不看书就会落后于人。伟人们的话语和经历告诉我们读书的重要性，读书是成就我们事业的力量之源。

新入职的小学数学教师在区域研读专业读物的引领下，在教与学的任务驱动下，要懂得从自身出发，借力养成良好的阅读习惯，才能更好、更快地适应教育教学工作岗位。

1. 拟定阅读目标

新入职教师踏上教育教学工作岗位时，面对的人（同事、学生、家长）、事（备课、上课、改作业、课后辅导等）、物（学校环境、办公室、班级等），不管处事还是待人，一切都是新的，都需要摸索、学习或适应，虽然有职前教育，但有时也会手忙脚乱，甚至会做错事，一天下来筋疲力尽。正因为如此，为尽快改变这种现状，新入职教师除向有经验的教师虚心请教外，抽出时间阅读学习，从阅读中寻找解决问题的方法更有必要。新入职教师阅读初期要制定好阅读计划，明确阅读目标，为自己的阅读指明方向。

2. 阅读内容由浅入深

作为教师，我们要有扎实的学科知识及与教育教学相关的学生发展、学生管理方面的知识。小学数学教育教学类的专著或读物有的比较抽象，有的比较具体；有的是教育理念或教育思想的学习，有的是实践性比较强的读物。新入职教师的第一要务是管理好自己的一亩三分地，立足课堂，向40分钟要质量，既要学习如何管理班级和学生，也要学习如何把握教材、实施教材。因此，可以解决当前在教育教学过程中遇到的问题的一些书籍或读物是新入职教师的首选，以更好地驾驭常规课堂。新教师成熟后再阅读与教学理念、教学思想相关的深层次的书籍或读物，不同时期读不同的书，在恰当的时间阅读相应的读物，脚踏实地，审时度势。当然，新教师要有理想情操，从当一名合格的教师做起，向优秀教师靠拢，最后向卓越教师迈进，而阅读是实现这一过程的路径之一。

3. 坚持每天阅读

作为新手教师，一天的工作结束后，写教学日志，学会回顾与反思当天的工作事务是否顺利，处理问题是否得当，有无处理不够完善的地方，通过阅读、反思，以便更好地提升自己。坚持每天阅读，也就是给自己每天有静下来反思的时间和空间。特别提倡坚持每天读纸质的书，因为书本上的知识具有一定的系统性、逻辑性和连贯性，有事实依据，知识的呈现比较完整。

4. 做阅读笔记

教师要做反思的实践者，从做读书笔记开始。最基础的阅读笔记是在书上圈圈点点、画线或摘抄，这有利于加深记忆。刚入职的教师对很多教育教学的名词、理念都很陌生，而抄一抄印象会深刻些。最高层次的阅读笔记是结合工作实践写感想，实践—反思—再实践，反思课堂、反思教学、反思教育。教师在广泛阅读、仔细品味、付诸实践、深入思考中能够逐步成为一名有思想的教师。

5. 加入阅读群体

不同的阅读和思考习惯，在短时间内看不出有什么区别，但长时间下来就很容易分出高低、比出深浅。新入职教师加入阅读群体，一方面可以互相监督，保证自己的阅读时间和阅读内容；另一方面，阅读的群体或组织会定期举行分享会，让大家在阅读分享中碰撞出思维的火花，在对比交流中思想得到升华，能有效激发阅读的兴趣，养成阅读习惯。

新入职教师选择什么样的阅读习惯或思考方式，也就为自己选择了什么样的教师生涯。

四、案例分享

下面推荐两位教师在研读数学书籍时的一些做法，供大家参考。

研读教师用书，助力新教师的成长

小学数学新教师一般是指教龄为0~3年的任教小学数学学科的教师。这一时期是教师进一步学习教学、提升自身教学能力的过程，是他们深入了解、认识、掌握小学教学规律，成为合格乃至优秀小学数学教师的必经过程。读书可谓是最根本的途径。叶圣陶先生有诗云："天地阅览室，万物皆书卷。"

（一）研读教师用书，了解其特点

《义务教育教学数学教师教学用书》（下面简称《教师用书》）是人教版教材最主要的教学参考资料，是《数学课程标准》指导学期施教的具体文本，是教材的编者对教材的编写背景、教学的基本要求和教学建议的解读。可以说，数学教师教学用书=数学教科书+教学大纲+其他教参资料。因此认真研读《教师用书》，可以提高新教师的备课质量，对于如何驾驭课堂起到很大作用。

每一册《教师用书》包括总体介绍本册教材的教学内容和教学目标、教材的编写特点、教学中需要的教具和学具、课时安排等。开学初把课时安排提前记录在教科书的目录上，随时根据学生的实际情况把握好教学进度；也可以在放假时提前备课了解下学期需要用到什么学具，让学生在假期有充足的时间制作学具，提高孩子们的动手能力。中间部分是各单元的教材说明，包括单元教学目标、内容安排及其特点、单元知识建议、具体内容的教材分析和教学建议，在每章后部分有优秀教学设计或教学片段、备课资料、评价建议和评价样例等。新教师在备课、听课、科组教研时，认真研读《教师用书》，可以根据本节课的教学内容、本单元的内容与其他年级之间的知识联系，明确教学脉络及教材的编排意图，把握好教学的重、难点，同时可以挖掘教材中的隐性目标，渗透数学思想，培养学生核心素养。全书的末尾有1~12册各单元教材教学内容（标题）编排结构表，方便没有进行过一至六年级大循环教学的教师和新教师清楚和系统地了解各年级知识点的分布情况。

（二）研读教师用书，关注知识间的联系

新教师任教年限短，教学经验相对不足，而且大多数教师都是按照教学内容对《教师用书》的某一章节内容进行研读，较少通过纵横比较来研读，从整体视角研读数学教科书的行为滞后。因此，可以从一个主题出发，把不同学段中有内在关系的部分作为一个整体进行研读，凸显数学的整体性和学段、年级的贯通性。例如："图形的运动"系列研读（二下、四下、五下）；"观察物体"系列研读（二上、四下、五下）；"位置"系列研读（一上、五上）；"位置与方向"系列研读（三下、六下）；"数与几何"系列研读；等等。这些内容知识点间都是有联系衔接的。平时学校为促进新教师的成长，也可以借助科组的团队合作，先在科组内或年级备课时按同系列进行学习、研读《教师用书》，然后进行同系列内容上研讨课或进行"微说课"比赛。这样能让教师明白"教什么""怎样教""教材的地位、作用，知识与结构、内在联系是什么"，更能使其在实际教学中把握教学方向，控制教学的深度、难度。

（三）研读教师用书，提高备课、教学质量

小学数学新教师要想提升自身的教学技能，研读教材、《教师用书》是非常重要的一环。通过整体研读、单元研读或主题研读、课时精读《教师用书》与教学实践相结合的形式，以促进新入职教师尽快融入小学数学的教学中，在一定程度上促进教师的专业发展。

读中思　思中悟　悟中行
——读张奠宙先生《小学数学教材中的大道理》一书有感

2020年劳作数月，迎来寒假，正是休养生息的好时机。除迎春事务外，本人闲时喝喝茶、赏赏花、读读书。教师的职业化、专业化，以及我们秉承"休息不是无所事事，而是做一件有意义又有意思的事，适度的挑战，对毅力和坚持的适度要求，对自己潜能的了解"的理念，假期里，我与工作室的成员们共读此书——张奠宙先生的《小学数学教材中的大道理——核心概念的理解与呈现》。

《小学数学教材中的大道理——核心概念的理解与呈现》全书分4部分，共28个话题，每个话题有"原始文稿""一线回声""数方夜谈"三个栏目，分别对应张奠宙先生的文章，一线教师在阅读张先生文章后的思考与实践，以及张先生和教研员、一线教师的交流实录。为了更好地理解书中的理念、方法，本人每次只读一个话题，阅读前先思考："根据话题的内容，我知道了什么？作者可能会讨论什么问题？"阅读中记录这一话题的核心观点，不懂的地方做个记号并看看适合哪一册的教材；阅读后反思最有启发的一部分，把不懂的地方通过资料搜索做进一步理解。如果恰好遇到本学期教学的内容，就把所读融入教学当中。

数学知识的系统性和严密的逻辑性决定了旧知识中孕育着新内容，而新知识又是原有知识的扩展和延续。在教学时，教师要善于厘清知识间的联系，在知识的辨析对比中沟通知识之间的内在联系，突出图形本质特征。上学期在教学"平行四边形和梯形"这一单元时，刚好读到第21个话题——厘清概念之间的联系。本话题主要是对现行小学数学教材图形与几何中一些概念的表述进行评议，总结出数学概念之间需要融会贯通，同时关注知识脉络与学生经验的联结。例如学生经过了3年的数学学习，已具备了一定的知识基础，在前面的学习中已经认识了长方形和正方形，初步认识了平行四边形，且已经能够从具体的实物或图形中识别出平行四边形。这些知识基础对于学生自主研究平行四边形的特征是一个很重要的认知起点。但学生只是直观地知道什么是平行四边形，并不能通过数学语言去描述平行四边形及如何去判定平行四边形。基于学生已有的数学经验，本人在设计教学过程时做了充分考虑，在教学"认识平行四边形"这一课时，通过课堂微阅读活动的设置，让学生通过读一读、圈一圈、议一议、画一画等活动理解"两组对边分别平行的四边形叫作平行四边形"（见图3-2-1），同时引申出判定一个四边形是平行四边形的方法有4种：

（1）有两组对边分别平行。

（2）有两组对边分别相等。

（3）有两组对角分别相等。

（4）有一组对边平行且相等。

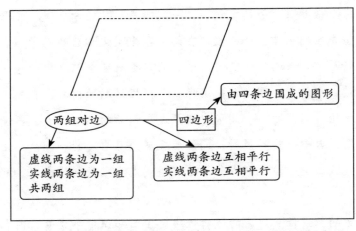

图3-2-1　课堂微阅读中对平行四边形概念的理解

在学生认识了平行四边形和梯形之后，本人通过表格的形式引导学生探讨平行四边形和长方形、正方形及梯形之间的关系，并用集合圈表示它们的关系，突出知识之间的网状联系，进一步突出图形的本质特征。教学中只有整体把握知识之间的内在联系，才能让学生在辨析和交流中不断体会，最终形成对图形特征的深刻认识，从而形成知识网络。

在教学的设计上，因为认识平行四边形和认识梯形都是对图形的认识，所以两节课的教学环节可以相似，如通过找生活中见过的平行四边形（梯形）、出示各种形状的平行四边形（梯形）、找共同特征、引出概念、通过课堂微阅读理解概念等活动设置教学环节。

"一辈子做教师，一辈子学做教师"，阅读是最好的途径，读中思、思中悟、悟中行。

第三节　用规则养习惯——以教师
课堂组织能力为例

内容提要：

用规则养习惯，是针对新入职教师不懂得如何调控课堂、组织课堂而实施的指导策略，是为了提升新入职教师的课堂组织能力，为新教师提供可视化、可操作化的课堂管理办法。具体办法是指导教师拟定学生课堂学习规范，利用规则管理与调控课堂。师生在长期遵守规则的过程中，逐渐养成良好的课堂行为习惯，双方面得到提升，新教师获得方法上的指引，学生获得习惯上的养成。

课堂教学是学校教学活动的基本形式和主要途径。教师课堂教学组织的有效性，是影响课程实施、学生学习成效的第一关键因素。随着时代的不断发展，基层教师队伍日益壮大，新教师的加入给课程教学注入了新的活力。在此背景下，加速新教师的成长、提升新教师课堂教学组织能力也必然成为学校工作中关注的重点之一。本节以新教师为主要研究对象，在相关理论的辅助下对新教师课堂教学现状进行记录分析，有针对性地开展情境案例研修实践活动，通过对新教师参与研修活动中的体验与感悟进行收集整理，摸索出一条具有一定普遍性并切合新教师工作需求的课堂教学组织能力提升之路。

一、新教师课堂组织能力实证分析

课堂组织能力是教师从事课堂教学活动的重要能力，而且它是一种综合能力，需要教师灵活、恰当地运用各种教学技巧对教学内容、教学方式、课堂纪律等做出安排。对于新入职的教师来说，课堂组织能力当属所有教学能力之首。新入职教师能否在三尺讲台站稳脚跟和出色完成教学任务，课堂组织能力起着决定性的作用。如何帮助这些新入职教师尽快适应新职位，符合新要求？如何帮助这些教师掌控课堂，特别是提升他们的课堂组织能力、促进其专业成长？在这种价值取向下，新入职教师在教学中的课堂组织能力表现是怎样的呢？笔者基于新教师的课堂录像进行了分类和编码分析，寻找当前小学数学新入职教师课堂组织能力中存在的问题及原因，试图探索出小学数学新入职教师培训的着眼点与针对性方法。

（一）新教师课堂录像分类和编码

为了对新入职教师的课堂组织能力进行研究，笔者选取了16节数学录像课作为研究样本，观察和深入分析新教师的课堂表现。观察时依据事先制定好的课堂组织能力进行编码，分别对16节课出现的相关信息进行编码记录，通过对新教师课堂表现进行分析，将其各种课堂组织能力提取出来。

1. 教师课堂组织能力表现的类型编码

《教师实用教学技能》指出，课堂组织能力分为管理性组织、指导性组织、诱导性组织。辽宁师范大学高洁就教学实施阶段将课堂组织能力归为：（1）教学实施能力，包括知识传授能力、师生交往能力、创设教学情境的能力、使用教学方法的能力；（2）教学管理能力，包括课堂驾驭能力、与他人合作的能力、管理学生纪律的能力、教学感染力。结合我们研究的方向和借鉴上述的研究成果，本书把课堂组织能力分为两大种，每种能力再进行具体划分，如表3-3-1所示。

表3-3-1　教师课堂组织能力类型编码

类型	水平描述
管理性组织能力	主要通过对课堂秩序的管理、课堂节奏的把握、教学情感的调动掌控课堂的能力
实施性组织能力	为了有效地实现目标，灵活地运用各种方法，把各种力量合理地组织和有效地协调起来的能力

为了能深入分析新入职教师这两种课堂组织能力，本书将这两种能力进行分类细化，如表3-3-2、表3-3-3所示。

表3-3-2　教师管理性组织能力类型编码

管理性组织能力	管理学生纪律的能力
	课堂节奏的把握能力
	教学感染力

表3-3-3　教师实施性组织能力类型编码

实施性组织能力	创设教学情境的能力
	使用教学方法的能力
	师生交流的能力

2. 教师课堂反馈表现的类型编码

结合对16节课堂录像的观察、记录、分析、诊断，对每一种具体的能力做以下分类编码，以此找到新入职教师课堂组织能力的缺失，从而找到针对性的培训内容和策略，如表3-3-4、表3-3-5所示。

表3-3-4　新入职教师课堂管理反馈表现的类型编码

管理学生纪律的能力	直接粗暴斥责		
	以小组为单位奖励		
	以学生榜样激励		
	只顾讲授，不管纪律		
课堂节奏的把握能力	详略得当		
	不分详略		
	平铺直叙		
	有层次、有坡度		
教学感染力	语言组织和表达能力	幽默风趣	
		抑扬顿挫	
		平铺直叙、枯燥无味	
		啰唆重复	
	教师的态度	肢体语言	随意
			拘谨
			热情、有亲和力
		面部表情	单一
			亲切
			丰富

表3-3-5　新入职教师课堂实施反馈表现的类型编码

	复习引入
	谈话
	有趣、熟悉的生活情境
教学情境创设	游戏
	故事
	抢答
	直接上课
	一问一答式
教学方法使用	问题探究式
	参与式
师生交流	生动、活泼、和谐
	沉闷、无趣

（二）新教师课堂录像编码分析

1. 课堂管理秩序反馈表现分析

如表3-3-6所示，可以看到有一半的教师是很注重学生纪律管理的，而且能结合学生的心理年龄特点用激励、表扬这种愉悦的方式管理秩序。但值得注意的是，有37.5%的教师只顾着讲授知识，没有有效地管理学生纪律。可以看出，这些教师只关注本节课的教学内容是否全部传授给学生，是否实现了教学计划，忽略了学生在"开小差"、注意力分散、课堂吵闹等情况下，是否有教学效果。课堂上不管教师讲得多清晰、多精彩，只要课堂纪律松散、学生注意力不集中，没有认真听课，那么这节课就是失败的，只是教师完成了自己的教学任务，并不是学生掌握了学习内容。

表3-3-6　课堂管理秩序反馈表现统计

选项	直接粗暴斥责	以小组为单位激励	以学生榜样激励	只顾讲授，不管纪律
占比（%）	12.5	18.8	31.2	37.5

本次有效统计人数为16人。

2. 课堂节奏把握反馈表现分析

如表3-3-7所示，有大约一半的教师都能根据教材的重难点做到详略得当，教学节奏有快有慢，让学生有机会调整自己的上课状态。反观，也有一半的教师不分详略、平铺直叙，将一节课同一个节奏一讲到底，这样的课堂丝毫不能激发起学生的学习积极性，很沉闷，像一首"催眠曲"。因此，要集中学生的注意力和激发学生的积极性，教师一定要把控好教学节奏。

表3-3-7　课堂节奏把握反馈表现统计

选项	详略得当	有层次、有坡度	不分详略	平铺直叙
占比（%）	37.5	12.5	37.5	12.5

3. 课堂教学感染力反馈表现分析

（1）语言组织和表达能力反馈表现

如图3-3-1所示，可以看出有一部分的教师语速得当、声调抑扬顿挫、声音优美，其中有两位是教学年限为一年半的教师。显然教学年限越长、经过越多的培训，越会注意语言组织和表达的重要性。但值得关注的是，也有相当一部分教师的语言表达啰唆重复、枯燥无味、语调单一，这样会使得课堂沉闷无比，学生会慢慢失去学习的热情。尤其低年级的教师，如果以这样的语言表达方式上课，会导致学生的注意力更加分散。从中也可以看到，幽默风趣的语言表达是没有的。

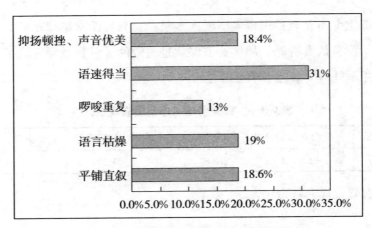

图3-3-1　语言组织和表达能力反馈表现统计

（2）教师的态度反馈表现

①肢体语言反馈表现

如表3-3-8所示，数据反映出一部分教师的肢体语言是热情、有亲和力的，表现了这些教师展现出来的精神态度是积极向上的，能激发学生的求知欲和学习热情，是学生的一种精神向往，可以让学生感受到教师是赏识学生的。同时，数据也反映出有一半的教师的肢体动作是比较拘谨、不自然的，一部分教师没有意识到肢体语言的重要性，是没有投入课堂教学的一种表现；另一部分是因为紧张，只顾及教学环节或内容，这有对教学内容不熟悉的原因，以致放不开，没有表现出一种大方、自信、向上的肢体语言。

表3-3-8　肢体语言反馈表现统计

选项	随意	拘谨	热情、有亲和力
占比（％）	6.3	50	43.7

②面部表情反馈表现

如表3-3-9所示，面部表情是一种情感表现。面部表情中最有灵魂的是眼睛。眼神和面部表情可以传达给学生不同的情感体验，也是师生交流的重要方式。从下列数据可以看出，大部分教师的表情都是亲切、随和的；还有少部分教师的表情是丰富多变的；有相当一部分教师的面部表情是单一的、木讷的。根据小学生的年龄特点，长期呈现这样的表情，不仅激发不了学生的积极主动性，还可能使学生只是被动地去学习，这不符合我们新课程的要求。

表3-3-9　面部表情反馈表现统计

选项	单一	亲切	丰富
占比（％）	43.8	43.8	12.4

4. 教学情境创设反馈表现

如图3-3-2所示，课堂导入是教师组织课堂教学的第一环节，主要是通过利用各种形式创设学习情境、激发学生学习兴趣，使学生主动学习的一种教学行为。从图3-3-2中可以看出，有一部分教师能根据学生的年龄、需求、爱好创设教学情境，能更好地调动学生的学习情绪，激发学生的学习热情。大部分教师运用常规的方法，即复习引入导入课堂，没有充分地吸引学生的注意力，不能充分发挥课堂导入的激励功能。

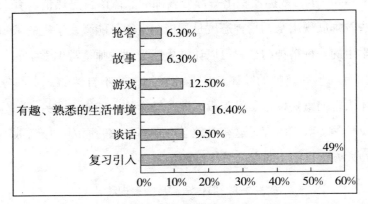

图3-3-2　教学情境创设反馈表现统计

5. 教学方法使用反馈表现

如表3-3-10所示，这16节课显示了这三种教学方法。大部分新教师主要采用一问一答式的教学方法，有种照本宣科式的感觉，存在着一种"重知识，轻能力；重结论，轻推理；重记忆，轻分析"的现象，这在数学教学中是一种要不得的观念。这其中也有教师怕课堂失控的原因，但长此以往，学生将对数学不感兴趣，不能很好地启发思维，且越到高年级解题能力会变得越弱。问题探究式教学方法，是引导学生发现问题、探究问题、解决问题的教学方法，但从表中数据可以看出，很少有教师用引导学生提出问题的方法去教学。对于参与式教学方法，使用的教师也不多，如演讲、分组讨论、代表发言、转换角色、学生体验等方式，也暴露出了新教师的短板，这不利于培养学生的良好数学素养和竞争力。

表3-3-10　教学方法使用反馈表现统计

选项	一问一答式	问题探究式	参与式
占比（%）	74.9	6.3	18.8

二、研训辅以规范提升课堂组织能力

（一）情境案例参与式研训

情境案例参与式研训强调教师在实际的情境中学习讨论、解决问题。研训活动的开展，不只是提供实用性的教学知识和技能，更重要的是模拟课堂情境，在与研训同伴的交流讨论中激发教学智慧，为解决真实的、具体的教学问题，从不同角度思考、论证，产生丰富多元的、可以应用到实际课堂教学中的策略，从而实现从理论到实践的转化、教学技能的习得与能力的提升。

情境案例参与式研训是一个双重学习体验的循环过程。根据美国著名学者Kolb提出的学习体验圈理论，新教师在情境案例参与式学习活动中，不是被动的"听众"，通过新教师参与到模拟的学习情境中，与学习同伴合作进行学生的学习研究和实践，使用的方法有小组讨论、案例分析、观看视频资料、看课、评课、角色扮演、填写图表、画图、相互访谈、辩论、小讲座，以及其他根据培训内容而设计的游戏和练习。

情境案例参与式研训是从具体的体验开始，然后对体验过程进行观察、反思和感悟，将研训学习中的体验反思内化为教学的专业素养，最后把理论和行动运用到新的教学情境当中进行检验。这个研训过程是一个循环上升的过程，如图3-3-3所示。

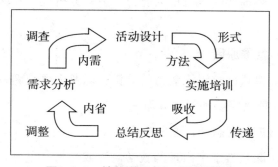

图3-3-3　情境案例参与式研训体验

从图3-3-3中可以看出，情境案例参与式研训是一种以研修者为中心的，培训者与受训者双方交互影响，通过实践与反思相结合来促进研修教师获取学科专业知识和教学技能的学习方式。情境参与式研训不是简单地主张在研修中获得新知识和新技能，而是更关注研修者在体验中的内化，强调在模拟的学习情境中，不仅能学会知识并进行一定的实践，还能从深刻的反思中获得经验的提升，使研修者通过体验与反思的过程来获得学科专业成长的长足发展。从某个角度看，情境案例参与式研训可以看作"做中学"与"反思成长"的结合。

通过研训后的调查发现，受训者认为"管理学生纪律的能力"有了快速提升的占76.5%，"课堂节奏的把握能力"提升的占75.6%，"教学感染力"提升的占72.3%，"课堂组织能力"整体提升的占74.8%。

情境案例参与式教师研训，是一种"模拟情境分析—集体会诊—现场指导—反思自评"的研训模式。研训者用实际行为去影响新教师的学习，从理性认知到感性的实际体验，顺其自然地把改善学生学习方式演化为教师的教学活动，从解决教师工作中的实际问题入手，经历模拟实践、探讨摸索到行之有效的多样化的解决方案，从基本理论到课堂实施实现有效过渡，形成教师们自己的行为指南。因此，情境案例参与式研训模式的引入，为提升新教师课堂组织能力提供一种全新、有效的途径。

（二）个案追踪指导研训

个案追踪分析指导研训方式，通过分析受训教师的教学日记，跟踪常态课的表现，进行编码分析，关注参加培训后，对所关注问题的认知是否有所进步，达到培训者、受训者的科研培训能力、追踪分析能力及课堂组织能力提升的目的。

1. 集体会诊，找准原因

通过受训者对自我课堂组织能力的分析，以及观察受训者的常态课，诊断出受训者课堂组织能力需要加强的方面。

2. 分析教学日记及常态课，提出建议

新教师记录在课堂教学中出现的教学情境或行为，主要是记录自己在当时不能有效处理或者不会处理的情境，以及当时处理的方法；或者记录自己认为关于课堂组织能力方面处理得好的案例。培训的教师针对新教师的教学日记提出有效的建议，以及编码分析新教师常态课中的各种课堂组织的行为，分析成因及提出改进的方法。

3. 实践反思，内化提升

新教师根据指导教师提出的建议，不断实践论证，反思不同处理方法的区别和改进的方法。培训教师对受训者的实践反思进行评价指导。受训者分析受训前后课堂组织能力中的哪方面能力提升了，哪方面能力还有待提高，需要培训教师提供什么样的辅导及培训，对自己的课堂组织能力的提升进行自评。

4. 调查问卷，检验成效

调查学校同事对新教师发展、进步情况的看法，以及调查学生对新教师的看法，如最喜欢新教师讲课过程中哪个环节的做法或对偶发事件的处理方法；设计培训前和培训后的调查，分析新教师的课堂组织能力在哪方面是有所提升的，哪些教学行为学生的喜爱程度是提高的。

个案追踪指导研训，是一种受训者仔细关注课堂组织行为，自我剖析课堂，又有人跟踪调查，获得他人指导的培训，在这样的情况下，可以获得比别人更多的启示和帮助，有利于其智能的提升和课堂组织能力的提高，是提升新教师课堂组织能力的一种有效途径，也是一种"看得见，摸得着，学得会，用得上"的培训模式。

三、情境式案例研修助力提升

分析小学数学教师专业需求调研问卷的样本数据发现，系统、长期的培训能有效地促进教师教学专业素养的提高，但长期的培训学习与常规工作的叠加会构成教师学习的压力，也可能成为教师专业素养提升的阻碍。如何通过有效的研训活动，让教师利用实际学习情境解决教学中的问题，同时提高课堂教学组织能力，便成了研训活动设计的立足点。

根据参训者的需求而产生的有效研训活动，能以点带面撬动新教师源源不断的内驱力。根据新教师教学技能的需求调查发现：对课堂教学组织实施时，有效掌控课堂进程，保证学生始终积极地参与到数学学习中；有效利用课堂生成性资源；掌握有效提问和追问的策略等，是新教师的教学关注重点。为有效及快速地提升新入职教师的课堂组织能力，在培训中尝试设置情境案例参与式研训，从新教师课堂教学组织能力提升的"关节点"设计案例研训活动，触发新教师专业知识、教学技能和课堂组织能力的深度融合行动，达到"一石击起千层浪"的研训目标，让研训活动持续转化为教师自觉的教育教学行为的有效路径。

（一）课堂导入情境案例培训培养调控课堂节奏能力

笔者在听课中发现，在课堂教学中，部分新教师因没有设置一个适合学生学习的情境，导致这个教学过程不连贯。课堂教学中，教师示范少，学生没机会展示，课堂上细节讲解不够，对课堂上的一些突发状况不会随机应变等情况是实际面临的问题。利用低年段的解决问题、运算定律教学片段等素材设置情境案例培训，引导探讨解决问题、运算定律教学的方法，强化运算定律主题教学设计的能力，提高对运算定律新授课、练习课教学的关注力，可促进新教师对教材的理解，提升新入职教师的课堂组织能力、教材处理能力、整体专业素养。

情境案例一：

1. 直观运用具体情境问题的讨论

展示"运算定律"的教学例题课堂教学片段，用两种不同的方法引出连减运算性质，提出任务要求：（1）你准备如何入手讲解连减运算性质？说说你的想法。（2）在你的预设中大部分学生先用哪种方法解决？大部分学生选择这种做法的原因？（3）就培养学生数学素养来说，你认为在四年级下学期更提倡用哪种方法？这种方法的好处是什么？对于以后的数学学习有着怎样的影响？

2. 呈现学生的思维，引发对教材处理的思考

模拟展示学生不一样的方法，让受训者讲评并比较发现，呈现例题学生板演内容，让学生感受与自己不一样的其他方法，最终结果是一致的，证实连减运算性质的客观性。教师应及时追问：哪种方法简单？教师让学生比较带括号的算式的简便性，体会连减运算性质的实际意义，体会数学的简便、数学的美；再让学生随机举例试试，看看这个规律是偶然的巧合还是数学规律；最后板演$a-b-c=a-(b+c)$，当然它的逆运算$a-(b+c)=a-b-c$也要呈现，让学生亲身经历运算过程得出结论，并能在以后的计算、解决问题中，熟练运用连减运算性质，灵活运用数学解决生活中的实际问题。课堂学生思维的呈现，让新教师感受教材的处理与学生运算定律一样，要把自己参与研训活动的感悟灵活运用，才能有效地处理课堂教学。

3. 回顾低年级教学片段，加深新教师"教学迁移"

抛出问题：在低年级渗透过连减运算性质的教学，你还有印象吗？对相关教学片段你又是怎样设计讲解的？预设大部分学生先用哪种方法解决？大部分学生选择这种做法的原因？就培养学生数学素养来说，你提倡用哪种方法，这种方法的好处是什么？对于以后的数学学习有着怎样的影响？连减运算性质的教学片段你又是怎样设计讲解的？还有哪个运算定律与连减运算性质类似？

4. 再设主题任务合作，探讨连除运算性质的教学深化认识

在"教学迁移"的基础上，再次设置探讨连除运算性质的教学任务，以问题驱动：①你认为教学本例题连除运算性质的重点和难点是什么？教学设计和连减运算性质有什么相同的地方？②如果让你开展教学，你会如何设计？请简单设计相应的教学过程或主要问题。

通过螺旋式上升的主题合作任务设置，了解新教师对连减运算性质教学的看法，强调新教师让学生通过实践体验概括减法的运算性质，而不是机械地背诵、运用。减法中"连减的性质"与除法中"连除的性质"的渗透和新授穿插在本研训活动内，这样便于新教师感悟知识之间的内在联系与区别，有利于新教师通过系统情境培训学习，对相关运算性质有一个比较完整的认识，有利于新教师设计比较完整、灵活的课堂教学。加深新教师对整个小学阶段连减运算性质教学的看法，知道学段之间知识相互的联系，引发新教师对小学阶段的十二册数学教材研读的自主行动，并形成处理计算教学的策略。

（1）一年级下册教材就出现连减运算性质的渗透，强调每个阶段知识点之间的联系，注重学生数感、运算能力和逻辑思维的发展，提高应用意识。教师应注重引导学生选择合理的算法解决问题，鼓励学生算法多样性。

（2）课堂教学中注意提问、追问的时机和方法，在肯定学生不一样的方法的同时，引导比较、发现多种算法之间有何相同之处与不同之处、哪种方法简单，使学生能够结合具体情况，探索分析和解决简单问题的有效方法，了解解决问题方法的多样性，灵活选择合理的算法，培养学生用所学运算定律解决简单的实际问题的能力和数学交流的能力。

（3）计算教学可以借助直观几何，引导学生从意义理解探索运算性质的本质内涵，直观理解本质内涵。探究问题的设计要突出观察、比较、抽象、概括的过程。在教学中，教师要充分发挥学生的主体作用，借用各种教学手段，调动学生的全部感官来参与知识形成的全过程，保证加深学生对扩展的知识的理解和掌握，培养学生思维的发展、能力的提高，让学生体验成功后的喜悦。

（二）操作情境案例引发合理使用教学方法的思考

新教师工作时间较短、教学经验尚浅，对学生现有的知识水平、兴趣爱好、学习行为特征等了解不深，在备课设计的过程中容易产生只侧重于教学内容实施的学生操作活动形式的设计，缺乏对操作活动的有效性的思考，如对于如何瞄准教学目标选择合适的操作活动和材料，抓住知识的本质引发学生的个性化思考缺乏深层思考，导致出现课堂中学生操作活动一哄而上、观察讨论草草收场的局面，难以保证学生操作活动的有效性的实施。小学数学课堂指导低年段学生开展操作活动的研修培训，引发新教师思考如何结合教学重点突破学生思维能力，训练开展低年段的操作活动，以点带面地形成引导学生动手操作的策略指引，以此为契机，指导新教师结合自己的实际教学形成课堂管理规范，提高课堂教学组织能力。

情境案例二：

1. 连续任务驱动引发思考

研修活动中设置了以下三个循环上升的任务：

任务1：观看课例"克与千克"的前面猜想部分的引导，提出任务要求：用10分钟的时间设计后续的操作活动，并做提纲式的教学片段设计：如何指导学生开展操作活动建立"千克"的概念，完成设计后用3~5分钟的时间与同伴交流。观看课例操作，关注教学焦点：如何有效指导低年段学生的操作活动。

任务2：课堂案例分析一年级下册"100以内数的认识"的操作活动，分析讨论：课堂操作活动实施中存在的盲点。

任务3：为五年级"分数的基本性质"的例1教学设计操作活动的片段，巩固培训所得。

环环相扣的三个任务目的是引发新教师的思考：前面通过课堂实录和案例分析，以低年段为例总结了课堂操作活动的实施策略，那么在其他年级的知识点教学中，若要我们开展操作活动时，我们应该如何结合学生的年龄特点和思维的训练设计相关的操作活动？

2. 选择问题焦点讨论，把共识形成策略

新教师在情境模拟中讨论问题，更深化了对课堂操作活动有效实施的共识。

（1）操作要有适当的引导。教师对操作活动进行调控和原则性指导，能确保操作活动的顺利进行及其效果。有序地组织学生的活动、有序进行观察，是课堂操作活动有效的第一要素。低年级学生在操作活动中，由于对文字的理解力不高、小组合作意识正在培养，活动中容易发生争抢的现象。课例中通过动画演示，给学生发出了具体的活动指引：分别在托盘上称出1千克或1千克左右的苹果、鸡蛋和盐，数数有几个，然后用袋子装好，装好后坐好举手示意，并提出"看哪个小组配合得更好、效率更高"的要求，为有效地观察、感知活动作好铺垫。

（2）操作要有思维的跟进。教师在指导学生操作时，必须把操作与思维活动有机结合起来。在"克与千克"的课例中，在教师有计划地引导下，为建立1千克的量感，学生进行了两轮"看、掂、称、说"的操作活动。在第一轮操作活动中，学生在交流汇报时，通过报数的方式快速地收集了1千克的苹果、鸡蛋和盐的大约个数，从数量的不一样到大致的范围确定，感知不同物体的单个质量大小是不一样的，但1千克的同一种物体的数量是有一个值的范围的。从"1千克苹果有4~5个"到"1千克鸡蛋有14~15个"再到"1千克盐大约有4包"的信息汇集，教师通过语言进行引导："怎么数量又不一样？原因在哪里？""那基本上也是在……之间。""终于有一个一样的！"让学生在活动中获得对1克和1千克的实际"大小"的直观感知，帮助学生建立鲜明的1千克"表象"，也为下一步质量的合理估测建立好标准。使动手、动脑、动口构成相辅相成的交互作用，使操作、思维、表达融为一体，有效地推动知识内化过程，有利于学生对数学深刻理解和数学学习能力的进一步提高。

（3）操作要有合理的时空安排。学生的动手操作和思考都需要一定的时间。有些教师在提出问题后就急于让学生在快速操作后就回答，貌似高效的背后是学生没有足够的时间进行操作思考，导致学生无法对问题进行深入探究。在课例中第一轮建立表象的操作活动中，学生称1千克的活动用了3分多钟，掂1千克用了2分多钟，估称1千克的数学书用了1分多钟。从用时的安排可以看出，在学生的操作活动中，既要有明确的操作要求，又要有一定的层次性和开放性，为不同学生的数学思考留有合理的时间与空间，才能确保操作的有效性，体现操作的价值。

（4）操作要把握教学的契机。根据学习内容的特点和小学生的生理、心理特点，组织学生操作活动一定要把握好最佳时机。课例中的操作活动贯穿于整个学习过程中，从建立"千克"概念的探究操作——"称、数、掂"，到1千克标准量建立后的感知活动——多少本数学书重1千克的"估、称、掂"，让学生从具体的操作活动中建立并感知1千克到利用标准量的估测活动，是一环扣一环的，从操作的结果产生困惑、思考，到引发学生观察、比较、分析、推理抽象、概括等一系列思维活动，以达到对数学知识的深层理解与内化，有效突破教学的重点和难点。所以操作活动也可以在学习新知识后进行，目的是巩固加深，让学生创造性地运用数学知识。在操作交流阶段，教师要立足于教学目标，紧紧抓住有价值的生成资源，向学生提出有思考价值的问题，引导学生对操作中出现的有价值的问题进行深度的分析，拓宽学生思维的广度和深度，深化学生的认知，使操作活动落在实处。

3. 反思教学，内化体验

通过3个常态课堂的情境活动参与，新教师对结合学生的年龄特征设置操作活动有了一定的思考。在总结时，有的新教师说："对于数学课程标准指出的有效的数学学习活动不能单纯地依赖模仿与记忆，动手实践、自主探索与合作交流是学生学习数学的重要方式。在教学中适当让学生进行学具操作，能有效解决数学知识抽象性与学生思维形象性之间的矛盾，通过情境模拟活动的参与就初步积累了具体的操作经验，少走一些弯路。"有的新教师说："在对五年级分数基本性质的教学中，课堂中要求学生按指令动手折纸，然后展示折法，进行分数基本性质的学习，觉得这样的操作能高效达到知识的生成。岂不知千人一面的操作只是流于形式，未能调动学生进行深层思考。以后的教学要尝试让学生自己想办法动手验证，引导学生调动已有的知识和活动经验储备，让学生采用折纸、画图等不同的方法来验证，利用分数与除法的关系、运用商不变的性质进行推导等，从而实现知识的同化和顺应，培养学生几何直观、数形结合、计算及推理等数学思想方法的运用。"有的教师在案例分析中发出感悟，觉得通过多种材料的点数能丰富学生的具体表象、帮助学生建立量感，却忽视一年级学生的年龄特点，过多材料的点数不但起不到作用，反而影响了学生学习的进程。在本课教学时，教师可以只给学生提供小棒，提出具体的操作要求：每人先数出1个十，再和小组内的小伙伴合作数出100，一起想想，怎样摆放才能让别人一看就知道是100根小棒？这样，学生就会有序地操作，并在合作摆放的过程中体会"十"与"百"两个计数单位间的关系。对于黄豆、糖果、幸运星等多种材料，教师可以在巩固练习时出示各种数量是100的物品，结合数感的培养，让学生看一看、掂一掂，让学生初步体会100件不同物体其体积和质量的大小是不一样的。以后再设计低年级的操作活动，教师要根据教学的重点选择合适的材料，做到有效操作。

新教师想要更有效地把知识传授给学生，结合课堂操作活动的实施形成课堂管理规范是提高课堂教学质量和效率的有效教学手段，也是小学数学课堂必备的教学管理能力之一。本次研修设计，主要阐述了课堂中操作活动教学实施策略，从教学目标的突破到学生的组织管理，教师需要就操作时机的选择、操作活动时空的把握、操作策略的选择、操作后的交流和内化等方面对操作活动进行探索和研究，有利于提高新教师指导学生操作活动的能力、增强课堂教学效果，以此为契机，指导新教师结合自己的实际教学形成课堂管理规范，提高课堂教学组织能力。

（三）设置学生课堂问题行为终止情境案例，提高课堂管理能力

根据新教师对教学内容不熟悉，课堂教学注意力大多放在教学内容和教学过程的安排上，关注重心放在教案的实施，对学生游离课堂（搞小动作、东张西望、和同桌说话等）的学习状态无暇顾及的现状，设置学生课堂问题行为终止情境案例。提供学生课堂问题行为的模拟情境，新教师分小组讨论终止学生课堂问题行为的方法，并进行现场展示，让新教师在具体的演示活动中，体会如何科学、有效地终止学生的课堂问题行为。掌握学生课堂问题行为终止的教学策略与技巧，形成有效的课堂组织规范，培养学生良好的学习习惯，是提升课堂教学效率的有效途径。

情境案例三：

1. 设置模拟课堂情境

在教师授课时，下面有小部分学生搞小动作、讲话、扮鬼脸等课堂问题行为。提出要求：如果换成你上课，你会怎样处理这些问题行为？用10分钟的时间小组内讨论终止问题行为的操作方式，并作提纲式的策略设计，再观看小组操作展示并讨论"处理方式是否可行"，讨论关注点为教学时间的占用、学习规范的形成及终止行为的有效性。

2. 策略总结

处理学生课堂问题行为时会尽量考虑少占用教学时间，策略和方法可以多样，但也有一定的规律遵循。

（1）眼神、肢体语言的使用（非语言线索）

为了不干扰其他同学，保证教学过程的顺利进行，教师可以运用眼神提醒、手势示意、向学生的同桌提问或走近学生以触摸的方式，无形中传递提示信息：我已经注意到你在干什么了，这样做不可以，快点停下来。

（2）口头提醒（语言线索）

当使用眼神或肢体语言无效时，教师则可以使用语言进行口头提醒，先不针对发生问题行为的学生，而是通过表扬同桌或同小组的良好行为进行暗示、提醒。比如表扬A认真听课、不讲话，则是提醒A的同桌不要开小差或与周围同学讲话。若学生仍不改正，教师应直接点名指出其问题行为，作批评制止。

通过情境模拟活动，对新教师们小组的演示操作进行分析，指导新教师从声音到肢体语言的运用，提供终止学生课堂问题行为的策略指引，从而指导新教师结合自己的实际教学形成课堂管理风格，提高课堂教学组织能力，实施有效教学。

　　教师要建立良好的课堂秩序，习惯养成必须在学期初与学生严格制定各种纪律要求。从课前学习用品的准备、倾听别人的回答，到提问和回答的规范，应进行规范的制定并落实。教师在执行规范的同时，尊重学生的年龄特征，当学生出现违规行为时，要客观分析问题，耐心地与其分析错误，给予其一定的指引和时间予以改正。在进行规范训练时，教师要发挥表扬的正向引导作用，而亲切的笑容、口头表扬都能产生良好的强化作用。对于规则意识和自控力较差或故意违反纪律的学生，当他们违反纪律的时候，教师也要给予适度的批评，因为奖惩结合才能形成积极向上的、有秩序的课堂。

　　情境案例参与式教师研训，研训者用实际行为去影响新教师的学习，从理性认知到感性的实际体验，顺其自然地把改善学生学习方式演化为教师的教学活动，从解决教师工作中的实际问题入手，经历模拟实践、探讨摸索到行之有效的多样化的解决方案，从基本理论到课堂实施实现有效过渡，形成教师们自己的行为指南，更是能力提升的有效路径之一。

四、策略实施促课堂规范养成

（一）培养课堂纪律管理能力，促进课堂组织能力的提升

1. 课堂规则的制定

　　不管教师有多么好、多么高明的课堂管理手段和方法，如果没有一个持之以恒的纪律守则为基础，那么课堂管理是不可能高效的。课堂纪律给了所有学生最基本的课堂言语、行为规范的要求，让学生知道教师所期望的、他们应做到的是什么。

　　课堂纪律由教师自己制定，根据年级的不同，语言表达各异。课堂纪律的原则首先是不能太多，以5～6条为宜，应言简意赅，提倡用正面的、积极的语言措辞，具体形象，有的放矢。

　　小学常用的课堂纪律，比如，举手发言；互相尊重；管理好自己的手、脚及其他物品；说话低声；听从指挥；教师讲话时，安静地听；等等。因为学生经常有分组学习活动，所以教师还要制定小组活动守则，强调组员互相尊重、

积极参与、互相分享、责任分担等。

制定课堂规则应遵循一定的原则和满足基本的要求：

（1）课堂规则应符合四个条件，即简短、明确、合理、可行。首先，规则和常规一定要简明扼要，使学生能迅速记住；其次，规则要明确、合理。以"注重自己的行为"为例，这种规则对于学生而言是不明确的，难以起到约束与指导作用；最后，规则应具有可操作性。

（2）课堂规则应通过教师与学生的充分讨论共同制定。课堂规则不可由教师凭个人好恶独断设立，而应经过学生的讨论与认同。学生通过参与讨论，共同制定课堂规则，就会自觉遵守并乐于承担责任。

（3）课堂规则应少而精，其内容表述以正向引导为主。教师要对所制定的课堂规则进行归纳、删改，避免那些不相关或不必要的规则，制定出尽量简明的、最基本的、最适宜的规则，一般以5~10条为宜；如果不够全面，也应等学生学会一些规则后再逐步增加内容。规则内容的表述坚持以正面引导为主。

（4）课堂规则应及时制定和不断调整。教师应抓住学期开始的机会，制定课堂规则。在开学之初，教师就与学生共同讨论，了解学生的状况和学习方式，征求学生对课堂规则的意见，与学生共同分享教师的需要与要求。在实施过程中，教师要不断进行检查，并根据各方面的具体情况加以补充、修改和调整。

要让课堂纪律不形同虚设，有效地服务于课堂管理，教师要反复讲解，让学生讨论、理解、练习。

2. 课堂纪律的管理措施

课堂规则只是静态的条文，只有这些规则得以实施才能收到预期的效果。将课堂规则转变成为课堂纪律，具体要注意以下几个方面：

（1）合理组织课堂教学结构，维持学生学习的注意力和兴趣。争取更多学生把更多的时间用于学习，既是课堂纪律管理的重要目标之一，也是课堂纪律管理的有效策略之一。

（2）具体策略有：增加参与；保持动量；保持教学的流畅性；上课时维持团体的注意焦点。

① 增加参与：要求教师的教学内容符合学生的需要，生动有趣，有参与性，与学生兴趣有关，使学生愿意积极参与。教学方法要能激起学生的兴趣，如可采用悬念、精心提问和讨论的方法，不断变换刺激角度，集中学生的注意力。

② 保持动量：是指课堂教学要有紧凑的教学结构，避免打断或放慢，使学生总有学业任务。要求教师课前做好充分准备，如确定教学目标、精心设计教案、选择教学策略、准备好教具等；课堂上要合理安排教学进度和节奏，选择适宜的课堂密度、课堂强度、课堂难度、课堂速度和课堂激情度；此外，教师还要讲究语言艺术，精练而不拖泥带水。

③ 保持教学的流畅性：是指不断注意教学意义的连贯性，即课堂上从一个活动转向另一个活动时所花的时间极少，并且能给学生一个注意信号。教师要保持教学的流畅性，就必须在课堂教学中给学生以有效、足够的信息量，形成序列刺激，激活学生的接受能力，以维持学生学习的注意力和兴趣。

④ 上课时维持团体的注意焦点：是指运用课堂组织策略和提问技术，确保班上所有的学生在课堂教学的每一部分都将精力投入学习中。

3. 正确、有效地处理课堂纪律问题的方法

（1）运用非言语线索。非言语线索主要包括目光接触、手势、身体靠近或触摸等。比如对于表现不良的学生，教师保持目光接触就可以制止其不良行为，还可以走过去停留一下，或者把手轻轻地放在学生的肩膀上。这些非言语线索传递了同一个信息：我看见你正在做什么，我不喜欢你这样，快回到学习的状态中来。

例如小学低年级教师有时会让遵守课堂纪律更情绪化，感情色彩很浓。比如在名字后贴上笑脸、哭脸，或在教室一角立三个有脸孔的牌子——笑脸、失望脸和哭脸；刚上课时，写着每个孩子名字的小夹子（就用我们最原始的衣服夹子）都夹在笑脸上，违纪一次，夹子就夹到失望的脸上，再违纪一次，到了哭脸就有麻烦了！这对小孩子来说非常直观形象。

（2）合理运用表扬和惩罚。教师要减少学生的不良行为，可以从表扬他们所做出的与不良行为相反的行为入手。譬如某名学生上课爱做小动作，教师就可以在这名学生认真学习的时刻表扬他。我们还可以采取表扬其他学生的方式来减少某名学生的不当行为，一般选择其邻座的同学或其最要好的同学加以表扬，这样可使行为不当的学生意识到，教师已经知道了其行为表现，其应控制不当行为。教师在课堂纪律管理中运用表扬时应注意：表扬的应该是具体的课堂行为，表扬应让学生产生积极的纪律体验，表扬应及时，对学生的课堂行为应给予及时正强化。

（二）培养对课堂节奏的把握能力，促进课堂组织能力的提升

把握课堂节奏的能力是教师正常执行教学任务的基本功，是关系到课堂教学效果的重要因素，也是体现教师综合素质的重要方面。

在一节课上，同一个节奏一讲到底，这样的课堂丝毫不能激发起学生的学习积极性，很沉闷，像一首"催眠曲"。所以要想集中学生的注意力和激发学生的积极性，教师一定要把控好教学节奏。课堂从某种意义上看就像一个大舞台，而教师就如一位导演和演员，对于这40分钟的"戏"，一位成功的"导演"会让这出"戏"高潮迭起，也会有平复结束。一节课，要吸引学生的注意力，针对小学生的年龄特点来说，教师必须做到抓住、抓准重难点，做到详略得当，对于重难点的内容要慢进，做到有层次、有坡度、有创新，对于能即刻回答或者不需要思考等的内容要选择快进。如果教师原封不动地按照教材内容的顺序不分主次、平铺直叙，这样没有节奏感的课堂，会让学生觉得沉闷，注意力不集中，不能激发学生强烈的求知欲。

（三）培养教学感染力，促进课堂组织能力的提升

尼采说过："要提高别人，自己必须是崇高的。"一个睿智、富有个人魅力、能调动学生情绪的教师，是具有很大的感染力的。新教师可以从以下几个方面促进课堂组织能力的提升：

1. 语言组织和表达能力

在课堂教学中，语言是信息传递的主要渠道。教师语言运用能力的高低，将直接影响学生学习的主动性和有效性。教师教学语言的要求是：清晰、准确，富有逻辑性；生动活泼，富有形象性；循循善诱，富有启发性；深浅适度，富有针对性。除此之外，还要有抑扬顿挫的语调、适当的语速，乃至语言的风趣、幽默等。教师教学语言要避免平铺直叙、啰唆重复，否则，除学生会感觉厌烦之外，对课堂组织也不利。教师良好的语言表达能力，能更好地集中学生的注意力，调动学生的情绪，激发学生的学习兴趣。所以新入职的教师要加强语言修炼的功夫，锤炼语言的表达能力，这是课堂组织能力的基本功。

2. 教师教学态度

教师饱满激昂的教学态度，是激发学生听课、参与学习的重要因素，也是课堂教学组织的重要诱发性因素。教学态度从教师的面部表情和肢体语言中能明显地表现出来。教学热情高涨的教师，他们的肢体语言是热情的，并具有亲和力，使学生也兴趣激昂，驱使学生养成主动学习、自主探究的习惯。如果教师不投入、不积极，怎能带动学生积极主动地学习？如果学生不参与或者不能有效参与，又怎么能有效地掌控课堂呢？另一个最能表现教学态度的就是面部表情了。表情丰富灵动，富有亲切感，会让学生感到愉悦、专注；带有沉思、智慧、乐观、向上等的面部表情，都会给学生带来积极影响和刺激。教学态度端正对于教师掌控课堂具有十分重要的作用。所以新教师要用一种乐观、积极、向上的教学态度去面对学生、感染学生，从而提高课堂组织能力。

第四节　提问与追问——以教师
问题设计能力为例

内容提要：

提问和追问是教师重要的教学技能，是检验教学机智的最好手段。把提问和追问训练作为新教师研修的切入口，对提高课堂教学质量至关重要。可以说，这是一种重要的教师研修策略。怎样提高教师提问和追问的水平？可以从课堂问题的种类出发，如有管理型提问、机械型提问、记忆型提问、解释型提问、推理型提问、批判型提问等。对于教师发展来说，如何学习、设计追问问题，把握追问的最佳时机，选择适当的追问方式，是教师必不可少的基本功。教师要在课堂追问中做儿童学习的引路人。

一、问题提出

提问是教学事件中的关键要素，引领课堂教学的进程，是促进有效学习发生的基础。追问是指教师针对某一内容或某一问题，为了使学生弄懂弄通，往往在一问之后再次提问，穷追不舍，直至学生能正确解答为止。追问与提问有着密切的关系，追问源于提问，是提问的后续行为，是教师在学生回答问题过程中或回答问题后的下一个教学步骤。可以说，追问是提问的递进、拓展、延伸或补充，是提问的"再创造"。数学课堂追问有助于教师掌握学生的思维脉络、调整教学预设、促进课堂生成，也有助于学生形成求真意识、调动学习积极性、促进深度理解。

教师的提问应该是循序渐进的。但是在实际观察中，研究者发现：新入职教师在课堂中的对话比较单一，基本处于"一问一答"的模式，教师对学生的回答很少有进一步的追问，当学生回答正确时，得到的大多是教师"很好""请坐"的回答，或是教师的点头示意；当学生回答不正确的时候，教师通常会说"你再想想，请坐"，然后直接请另外一名学生回答，直到得到他所希望的、预设的答案。由此可以看出，课堂中的对话是不够深入的，是浅层次的，学生的回答并没有得到及时的、良好的反馈，教师只是严格按照他所预设的教学设计进行课堂教学，缺乏教学的生成性，课堂仅仅是教案的再次呈现。

大多数小学数学教师能够提出恰当的数学问题，但是问题的质量仍有待提高。低层次的初次提问很难有高层次的追问，因而教师的追问水平很大程度上受制于教师的初次提问水平。支离破碎的问题又怎么能使得学生的思维系列化、结构化呢？因此，研究者想知道，在实际课堂中，新教师对学生的追问的现状是什么样的？现在的追问又有什么样的特征？如何针对课堂中教师追问行为存在的问题，给一线数学新教师提供相应的解决问题的启示？

二、研究设计

（一）核心概念的界定

课堂追问，就其字面意思而言，是教师在课堂中的一种语言行为。"问"，表明追问在实质上还是教师提问的一种；"追"，表明追问与提问不一样，是该词的核心，是对问的一种限制。课堂中的追问，是指教师对学生的回答、讲解的进一步提问，是对学生回答或者讲解的一种补充、诘问，诱发学生的进一步思考，从而完善学生对知识的认识，帮助学生进一步掌握技能和技巧。

本书中，在数学课堂中教师的追问行为，是指研究对象在他们所执教的数学课堂中，对学生的问题有所回应之后，又针对学生的回应和首次提问的内容进行再次提问的行为。

（二）研究对象的选择

名教师工作室通过公开征集四名入职一年的小学数学新教师作为观察对象，以自愿参加研究为基础，根据正常教学进度在教材中选择相关内容，每人执教1节随堂课，共计4节。教学过程被录制，并进行了转录，包括学生与教师的每一句对话，以及研究者认为可能具有意义的动作，如表3-4-1所示。

表3-4-1　教师样本情况表

姓名（代号）	性别	执教年级	教龄
a	女	一年级	1年
b	女	二年级	1年
c	女	三年级	1年
d	男	五年级	1年

（三）研究过程与方法

为深入分析教师的课堂表现，对4节录像课的教学进行了观察。第一阶段是遴选出转录稿中所有教师的提问和追问编码。但实际编码时发现，由于问题的重复率较高，不利于观察到新教师对追问的处理策略。于是，在第一阶段编码的基础上，对典型意义的深度追问教学片段进行二次编码。

（四）课堂提问的类型编码

根据布鲁姆的认知领域的教育目标将课堂提问编码分为知识、理解、应用、分析、综合、评价6类，又借鉴华东师范大学的李士琦、杨玉东，以及南昌师范学院的胡启宙、孙庆括的研究成果，综合以上分类编码和其他相关文献进行归纳，将课堂追问的问题类型整理出以下追问编码，如表3-4-2所示。

表3-4-2　教师课堂提问的分类编码

教师提问类型			操作性定义	编码
非学科型提问	管理型提问	管理型提问	教师询问或是鼓励学生发言等问题，提问问题无关学科教学内容	Ⅰ1
学科型提问	低层次提问	机械型提问	教师简单地追问"对不对"，或者只要求全班齐答显然的、不需要思考的内容	Ⅰ2
		记忆型提问	教师的提问要唤起学生对学科知识的识记或者回忆，不需要花费学生思考的时间	Ⅰ3

续 表

教师提问类型			操作性定义	编码
学科型提问	高层次提问	解释型提问	教师的提问需要学生运用知识对问题做出阐述或说明，需要花费学生一定的思考时间	I 4
		推理型提问	教师的提问需要学生通过逻辑推理得到问题答案，一般需要较长时间	I 5
		批判型提问	教师的提问需要学生变换角度反思，或是能够做深层次思考的问题	I 6

（五）课堂追问的类型编码

在本书中，对追问的研究是建立在提问基础上的。为了更好地与提问进行对比，追问的分类与提问的分类须采取同一种方式，同时，教师的追问都是根据学生的回答而延伸的，因此管理型追问的范围不在其中，如表3-4-3所示。

表3-4-3 教师课堂追问的分类编码

教师提问类型			操作性定义	编码
学科型提问	低层次追问	机械型追问	教师简单地追问"对不对"，或者只要求全班齐答显然的、不需要思考的内容	F2
		记忆型追问	教师的追问要唤起学生对学科知识的识记或者回忆，仅需要花费学生很少的思考时间	F3
	高层次追问	解释型追问	教师的追问需要学生运用知识对追问问题做出阐述或说明，需要花费学生一定的思考时间	F4
		推理型追问	教师的追问需要学生通过逻辑推理得到问题答案，一般需要较长时间	F5
		批判型追问	教师的追问需要学生变换角度反思，或是能够做深层次思考的问题	F6

三、研究结果

追问是课堂教学活动的一个重要环节。良好的追问行为可以激发学生的思考，引导学生学习。通过4位新教师课堂教学实况的观察记录，对在课堂教学过程中提出的问题、追问的问题、追问的对象、追问的类型、追问频率、追问技巧等相关数据进行统计，从而对小学数学新教师课堂教学中的教师追问行为进行理性分析和提出相应的建议。

（一）初次提问类型不同，追问类型不同

教师的低层次追问大多是由低层次提问引起的。例如引发教师机械型追问的初次提问中，机械型提问占73.68%，批判型提问仅占5.26%。同时，教师的高层次追问大多由教师的高层次提问引起，例如在引发教师批判型追问的初次提问中，批判型提问占50%，推理型提问占20%，即高层次提问共占70%，包含机械型提问和记忆型提问在内的低层次提问一共占30%。换言之，小学数学教师低层次追问大多由低层次的初次提问引起，高层次追问大多由高层次的初次提问引起，即小学数学教师的追问水平很大程度上受制于教师的初次提问水平，如表3-4-4所示。

表3-4-4　小学数学新教师引发追问的初次提问类型和追问类型统计表

频率类型 提问类型	追问	总计	低层次追问		高层次追问		
			机械型追问 （F2）	记忆型追问（F3）	解释型追问（F4）	推理型追问（F5）	批判型追问（F6）
非学科型提问	管理型提问（Ⅰ1）	0	0 （0）	0 （0）	0 （0）	0 （0）	0 （0）
学科型提问	低层次提问 机械型提问（Ⅰ2）	19	14 （73.68%）	5 （19.23%）	4 （30.77%）	3 （30%）	1 （25%）
	记忆型提问（Ⅰ3）	23	3 （15.8%）	18 （69.23%）	3 （23.08%）	1 （10%）	0 （0）
	高层次提问 解释型提问（Ⅰ4）	8	1 （5.26%）	2 （7.69%）	4 （30.77）	3 （30%）	1 （25%）
	推理型提问（Ⅰ5）	2	0 （0）	1 （3.85%）	1 （7.69%）	2 （20%）	0 （0）
	批判型提问（Ⅰ6）	3	1 （5.26%）	0 （0）	1 （7.69%）	1 （10%）	2 （50%）
总计		55	19 （100%）	26 （100%）	13 （100%）	10 （100%）	4 （100%）

（二）追问的对象转换较快

从表3-4-5中可以看出，教师首次提问对象与追问对象相一致所占的比例为43%，提问对象与追问对象不一致的占57%。在提问对象与追问对象不一致的

情况中，首次提问是一个人，追问是另一个人的比例高达43.1%。这说明教师在提问个人时，往往会变更追问对象，特别是在学生回答错误的情况下，教师缺乏对回答错误学生的耐心指导和解决方法，故更换追问对象的现象非常普遍。

表3-4-5　教师初次提问与追问对象统计表

对象　　课例	对象不改变		对象改变			总计
	个体	集体	个人→个人	集体→个人	个人→集体	
课例1	5	3	6	0	1	15
课例2	3	5	8	0	2	18
课例3	4	4	10	0	2	20
课例4	5	2	7	0	5	19
总计	17	14	31	0	10	72
频率	23.6%	19.4%	43.1%	0	13.9%	100%

（三）低认知水平的追问问题使用频率较高

从追问问题类型来看，新手教师多使用低认知水平的展示性问题。这说明新入职教师比较重视学生对知识的掌握，在一定程度上忽视了对学生思维的激发。总体来说，教师追问质量不高，追问的问题大多集中在不需要学生多加思考的低水平的问题上，多数情况是运用封闭的、有固定答案的展示性问题进行追问。这类问题往往局限于知识的识记，而不利于激发学生的深度学习，如表3-4-6所示。

表3-4-6　教师追问思维水平统计表

统计值　思维水平	频率	百分比
低水平	58	80.6%
高水平	14	19.4%
合计	72	100.0%

（四）追问的技巧比较单一

教师追问的技巧主要有三种类型，分别是由表及里、由果及因、由点及面。对新教师课堂追问技巧进行整理分析，发现新教师课堂追问的技巧主要为由表及里，占比达56.94%；由点及面的追问技巧占比只有8.33%；由果及因的追问技巧占比为34.73%，由表及里的占比与由果及因的占比之差为22.21%，由表及里的占比与由点及面的占比之差为48.61%（见表3-4-7）。可见，新教师课堂追问的技巧依次是由表及里＞由果及因＞由点及面；新教师在教学时使用的追问技巧大多为由表及里。

表3-4-7　教师追问的技巧占比统计表

选项	占比（％）
由表及里	56.94
由点及面	8.33
由果及因	34.73

（五）教师追问大多是单次追问

教师的追问大多是单次追问。在这4节课例中，共含有追问的对话72个，其中单次追问的对话有55个，占总对话的76.3%，如表3-4-8所示；多次追问出现较少，并且多次追问中18.1%的追问两次就结束，最多的也就是追问三次，无追问四次的情况。也就是说，教师的追问大多数是单次追问。

表3-4-8　教师追问次数统计表

	单次追问	追问两次	追问三次	总计
课例1	12	3	0	15
课例2	15	2	1	18
课例3	13	5	2	20
课例4	15	3	1	19
总计	55	13	4	72
频率	76.3%	18.1%	5.6%	100%

四、研究反思

（一）把学习的多重目标融入问题的表述中

目标指向学习过程与结果。目标的表述可以以问题形式出现。问题是推动学生思维发展的关键，也是进行教学实施的基本载体。问题的表述影响着学生学习的质量，尤其对于小学生而言，能否听懂一个问题是首要条件。教师要尽量将学习的多重目标融入问题的表述中，并且能让学生听懂。隐蔽不是简单，是要追求简洁表面下的思维汹涌，用尽量简洁的语言蕴藏丰富的数学知识。设计多重知识内涵的深度问题，不是指向某个零碎的知识点，而是指向一个知识包，需要学生充分发挥个体对核心概念的理解，并加以关联，才能够予以解答。

案例一："认识小数"

"认知小数"是学生在小学阶段第一次认识"小数"的概念，教学由四个深度问题组构成，分别依次包含三个主体深度问题和一个挑战性问题。课始，教师提出："你认识小数吗？"这是从学生已有的认知经验出发，唤醒学生原有认知，重视学生的生活经验，问题的目标指向是在教师的问题引领下，从日常生活中发现和提出简单的数学问题并尝试解决。课中，教师提出："你还知道哪些小数？"这能引发学生再度思考，丰富学生现有认知。这是让学生了解数学可以描述生活中的一些现象，感受数学与生活的密切联系。课末，教师提出："你对小数有何新的认识？"进一步发展学生对小数的认知，促进学生了解小数的含义，培养学生的数感。最后，教师抛出一个有挑战性的问题："小数'小'吗？"给足学生独立思考的时间，激发学生深度思考。

分析：从问题组间的逻辑关系看，学生对小数的认识是有经验的，所以教学的起点需要承认学生的已有认知，在此基础上迭代认识"小数"的概念，并最后回到对起点的反思。小数"小"吗？在学生初步认识小数的意义之后，教师提出一个开放且具有挑战性的问题。"小数"的"小"既有大小的内涵，又有反驳的空间——"小是相对的"，要看学生从哪个角度理解。学生在这样的问题引领下不断辨析，从而加深对小数意义本质的理解。另外，问题与问题之间是否具有内在的统一性和递进关系，决定着课堂学习推进的程度；看似独立的问题，也应当成为学生思维发展的台阶；问题的空间也决定了学生思维的空间。设计这样多重知识内涵的深度问题，可以充分发挥学生个体对核心概念的理解，培养学生数学思考力。

（二）一问多答是提问的关键范式

正如事物都具有形式和内容两个方面一样，课堂追问既要在内容上逼近数学，触及数学的本质，也要在形式上加以思考。在课堂的关键环节多使用一问多答的方式，通过一个具有开放性的、启发性的，且能够调动全班思考的深度问题，鼓励学生用自己的语言描述想法，创造一个开放的学习空间。这样的深度问题不能只用一个单一的知识点去解决，而要基于数学概念的综合应用与延伸拓展；但又需要足够简单，因为这样的问题应该是能让所有学生听懂并带入思考的问题。在这样的深度问题抛出后，学生可能会给出各种不同的答案，或许不同的学生有着类似的思考，但也可以用不同的方式加以表达，这才是"一问多答"的课堂理想提问范式。

案例二：教学"三角形的分类"

让学生猜一猜被信封遮住的可能是什么三角形。教师针对只露出一个锐角的三角形，引导学生继续进行深度思考。

师：为什么这个被信封遮住的可能是锐角三角形、直角三角形或钝角三角形呢？

生1：因为锐角三角形的三个角都是锐角，所以我认为可能是锐角三角形。

生2：因为直角三角形中也有两个锐角，所以我觉得可能是直角三角形。

生3：因为钝角三角形中也有锐角，所以我认为有可能是钝角三角形。

师追问1：如果露出部分是直角或钝角，你能做出怎样的判断？

师追问2：三角形露出的都是一个角，为什么有的你能直接判断是什么三角形，有的却又不能直接判断呢？

分析：教学过程中，如果只是让学生按照某种标准学会给物体分类，这便是停留在认识层面上的教学；如果引导学生不断去反思何时需要分类、怎样确定分类的标准，同时还引导学生反思自己是怎样发现问题、分析问题、解决问题的，而在这一思维过程中又是怎样应用数学思想方法的，用了哪些基本思考方法和技巧，积累了哪些有益的成功经验，怎样去拓展和延伸，这便是上升为思想层面的教学。在这一过程中，学生得以"回头看"，审视自己的思维过程，梳理这一过程中积累的经验，进而自觉地运用学到的基本思想方法去解决实际问题。

（三）提高多次追问行为出现的频率

教师在课堂教学中要鼓励学生回答"深层次"的问题，以促进学生对数学的深刻理解。教师追问的质量与学生课堂学习效果显示出高度相关性。在实际教学过程中，教师提出的问题很多，但只有很少一部分能触发学生的高阶思维，这与教师的追问密切相关。教师的追问大多数是单次追问行为，少有多次追问行为的出现，并且多次追问中大都是追问两次就结束的，最多的也就是追问三次，无追问超过四次的情况。

瑞格和布朗（2001）分析了在课堂中讨论的1000多个问题，他们发现：53%的问题是独立的，而47%的问题是两个或两个以上的系列问题组成的，而47%的问题中只有10%的问题是超过4个的系列问题。支离破碎的问题必然没有办法使得学生的思维系列化、结构化，而多次追问是系列问题的重要表现。多次追问是围绕一个问题反复提问，可以加深学生对问题的理解，帮助学生的思维系列化、结构化。

案例三：教学"因数与倍数"

师：请找出2的倍数。

生1：2、4、6、8。

师：你是怎样找到的？

生1：2的1倍是2，2的2倍是4，2的3倍是6，2的4倍是8，所以2、4、6、8都是2的倍数。

师追问1：谁能接着找下去？

生2：10、12、14、16、18。

生3：20、22、24、26、28。

师追问2：找得完吗？

生：找不完。

师追问3：能试着用一个词来表示2的倍数的个数吗？

生1：无限多。

生2：无数个。

师追问4：2的最小倍数是几？有没有最大的倍数呢？

生1：2的最小倍数是2，是它本身；2没有最大的倍数，它的倍数的个数是无限的。

分析：教师的追问，让学生自主地掌握找一个数的倍数的方法与它们的特点，让学生在自主学习和独立探索中领悟、理解概念。如果教师让学生找出2的倍数，学生有规律地找了一些，如果这时教师不去追问，只是告诉学生：2的倍数是无限的；最小的倍数是它本身，没有最大的倍数。这样的教学效果可想而知。在教学中，教师应该巧妙地进行系列而逐渐深化的追问，提高多次追问行为出现的频率，让学生深入概念的内涵、明确概念的外延。

（四）追问对象少变换，锁定同一人

教师追问和首次提问有很大关系，是根据提问时学生的回答情况而进行的再次追问。因此，当教师针对一个人进行追问时，教师追问的问题往往是基于该学生的回答。这样追问可以使教师深入了解学生的学习状态，更好地结合学生自身认知结构因材施教，尊重学生的个性特征。教师可以根据学生的最近发展区，提出一些具有挑战性的问题，鼓励学生战胜问题、增加自信心和学习动力。因此，基于追问的特点，教师需要锁定追问对象，少变换对象，最好是针对同一个人进行追问。

案例四：计算 $35 \div \left(5 + \dfrac{5}{7} \right)$

在分数除法计算中，类似这种形式的混合运算，总有学生误以为可以运用简便算法进行计算。多数学生的结果是"$6\dfrac{1}{8}$"，但有极少数学生的答案是"$7\dfrac{5}{7}$"或"56"。有的同学也意识到自己的答案不对，却又不明白错在哪里。

师（指名其中一名做错的同学）：这道算式怎样读？请你读一读这道算式。

生1：35除以5再加上$\dfrac{5}{7}$。

师：他读得对吗？（同学们都直摇头）

生2：35除以5加$\dfrac{5}{7}$的和。

师：为什么这样读？

生2：因为算式中有括号，应先算括号里$5+\dfrac{5}{7}$的和，再用5除以$5+\dfrac{5}{7}$的和。

教师请刚才做错的同学按正确的方法读三次，并再次指名生1。

师：知道自己错在哪里了吗？

生1：我第一步先算35除以5是不对的，应先算括号里$5+\dfrac{5}{7}=5\dfrac{5}{7}$，再算

$5 \div 5\dfrac{5}{7}=6\dfrac{1}{8}$。

分析：学生在学习中出错是在所难免的，所以教师应保持平和、理性的心态，因为出错的学生此时是迷茫的、不知所措的。教师如果严厉批评或呵斥学生，他们就会因为害怕而使思维变得更加混乱，甚至产生厌学的心理。此时，教师要拿出足够的耐心，追问对象尽量少变换，锁定同一人，引导学生找出错误的原因，寻找解决问题的方法，带领学生走出迷茫。这样不仅能够帮助学生找出错因、弄清算理、改正错误，还能让学生深深感受到来自教师的关怀和爱护，既有利于培养学生的自信心，又激发了学生的学习积极性。

（五）把握追问时机实现数学深度学习

1. 在思维的关键处追问，突破学习难点

问题是数学的心脏，有了问题，思维才有方向，学生课堂参与的最高境界是思维的参与。教学中追问运用得当，常常可以激活学生思维。教师抓住思维的关键处循序渐进地进行追问，使学生学活知识、用活知识，有效地突破学习难点。

案例五：教学"圆的周长"

例如一位教师在教学六年级"圆的周长"一课时，引导学生观察正方形的边长与周长之间的倍数关系（见图3-4-1），比较正方形的周长与圆周长之间的关系（见图3-4-2）。通过问题与讨论，学生猜测、推理出圆的周长与直径的倍数关系。

师：把圆的周长与正方形的周长进行比较，你发现了什么？

生：正方形的周长比圆的周长要长一点，我觉得可能是一倍多一点。

师追问1：想一想，圆的周长与直径的倍数关系？超过2倍，但小于3倍；超过3倍，但小于4倍；也有可能正好是3倍。

生：我认为超过3倍，但小于4倍。

师追问2：为什么会这样认为？

生：因为正方形的边长等于圆的直径，正方形的周长是边长的4倍，正方形的周长又比圆的周长多一点，所以圆的周长与直径倍数应该小于4倍。

师追问3：怎么理解超过3倍呢？

生：如果把一个圆沿直径剪开，可以发现上部分圆的周长的一半可能是直径的1.5倍多，同样下半部分圆的周长的一半也是直径的1.5倍多，因此，周长与直径的倍数超过3倍。

此时，同学们自发地鼓掌。

师：想一想（见图3-4-3），一条圆弧大约是半径的几倍？

生：一条圆弧大约是半径的1.5倍。

师追问4：4条圆弧大约是半径的几倍？

生：大约是6倍。

师：换言之，圆的周长是直径的几倍？

生：大约是3倍。

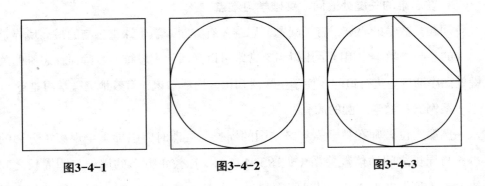

图3-4-1   图3-4-2   图3-4-3

分析：学习活动是学生以自身已有的知识和经验为基础的主动建构过程。学生在学习新知识之前，已有自己的知识结构和经验结构，它们是学生新知获得的"固着点"。课的问题引入是以学生已经学过和正方形有关知识为突破口，通过寻找"曲"与"直"之间的联系，最大限度地挖掘学生已有的知识基础。在学生思维的关键处追问，让学生主动从事观察、比较、实验、猜测、验证等探索性、发现性的思维活动，在自主探索过程中掌握知识、技能、数学思想和方法。

2. 在问题的矛盾处追问，促进学生思维发展

促进学生思维的发展是数学教育的核心任务。学生在自主探究知识的过程中，有时对探究问题过程中出现的矛盾不能进一步进行深层次的解释、分析。学生思维困惑的地方，也是教学难点之处。

例如对"面积单位"的教学，在建立1平方厘米的表象后，可以这样做：

片段：建立1平方分米的表象。

师：用1平方厘米的正方形量一量课桌面的大小。（学生动手测量，有些学生测量一会儿后发现问题，若有所思）

生：我发现用1平方厘米的正方形测量课桌面的大小太麻烦。

师追问：你是说1平方厘米比较小，量比较大的物体时应该使用大一些的面积单位吗？

生：对（欣喜地点头）。如果有一个比1平方厘米大一点的面积单位那就更好了。

师：量一量：1平方分米小正方形的边长是多少？

生：边长是1分米。

此时，教师引导学生像学习1平方厘米面积单位那样，描述1平方分米并通过系列活动感知它的大小。

分析：数学概念的形成、数学方法的积累、数学规律的总结，都需要学生能从数学对象中抽象出数学模型，在建模的过程中培养学生的数感。教师在问题的冲突处巧妙"追问"，激发学生的探究欲望，让学生在问题解决中不知不觉地解决思维困惑，凸显数学思考，发展思维能力。

教学要追求深度，那么教师首先要对数学知识有深刻理解，只有触及数学本质，才可能有出彩的设计。在教学中，当教师不断追问"为什么"时，就是迈向理解性数学教学设计的第一步。追问是教师的一种教学技能，是检验教学机智的最好手段。在课堂教学中，教师要捕捉有效追问的最佳时机，选择适当的追问方式，让思维在"问题链"中"深入浅出"。

第五节　主题式学习——以教师
教学设计能力为例

内容提要：

主题式学习，是指学员围绕一个或多个经过结构化的主要内容，围绕该主题而展开的学习。主题式学习具有主题集中、组织建构、利于探究的特点，适合进行某一类问题长时间跟踪式的研究分析，适合多人合作学习、分享经验心得的培训活动。本节内容以教师教学设计能力为例，从"教学片段对比"训练、数学阅读与解题批注训练、合理整合教学资源训练、课堂听说读写组织训练四个方面开展主题式学习，阐述提高新入职教师教学设计能力的具体做法。

随着小学数学课程的不断改革，教师专业能力的发展越来越受到重视，其中教学设计能力是教师专业核心能力之一。现在的小学数学新教师学历比较高，学习意识强，乐于接受再学习培训以提高自身的专业能力，而他们的教学设计能力直接影响教育教学效果。如何通过学习训练提升新教师的教学设计能力？下面从利用"教学片段对比"训练、数学阅读与解题批注训练、合理整合教学资源训练、课堂听说读写组织训练等主题式学习，来阐述提高新教师教学设计能力的具体做法。

一、利用"教学片段对比"训练，提高教师的教学设计能力

教学设计能力是教师根据教育教学相关理论及自己的教学经验，制定恰当

的课堂教学方案的能力，也是与教学实践相联系的能力，更是教师的基本专业能力。教学设计能力的提升是教师走向专业化的重要方向。新教师要会用"以生为本"的理念，制定出有针对性、实践性的教学方案。

此外，怎么教？如何贴近学生认知规律地教？又是摆在教师面前的另一个难题。其中，张景焕、金盛华、陈秀珍从影响小学教师课堂教学设计能力的因素中分析，发现教师分析教学对象的能力相对滞后，而且大多数（平均85%以上）教师都认为自己的教学设计能力是在职后形成的。在新入职的小学数学教师培训活动中，可以利用"教学片段对比"进行训练，提高教师的教学设计能力。教学片段是相对于一节完整的课堂教学而言的，截取某节课的某个局部，有代表性的教学内容、环节或问题，而"教学片段对比"是在整合运用和开发教学材料上下功夫，把"教学片段"的几种方法策略用比较的方法加以描述、说明或尝试片段教学，让教师感受"以生为本"的开发整合教材的优点所在。如何改善教师的教学设计结构、提升教师的教学设计能力？下面试以"'利用教学片段对比'，巧开发贯通相关知识"为例加以说明。

（一）利用"教学片段对比"，巧开发贯通相关知识

1. "乘法运算定律"与点子图的结合

按照人教版教材内容编排，学生通过解决"负责挖坑、种树的一共有多少人"的问题，发现"$4 \times 25=100$ 与 $25 \times 4=100$"的特点，得出"$4 \times 25=25 \times 4$"。同时，教师引导学生迁移运用仿写出其他这样的等式"__×__=__×__"。在学生观察多组等式的特点后，教师引出乘法交换律的概念，即"两个数相乘，交换两个因数的位置，积不变"，让学生从直观的感受学习上升到抽象的概念学习，对乘法交换律的形式和特点理解得更透彻。以此植树情境还可以设置不同的问题，如"一共要浇多少桶水""一共有多少名学生参加了这次植树活动"。在解决实际问题时，每一组算式都有其实际意义。学生通过观察算式特点、理解算式含义，进而学习乘法结合律和乘法分配律的概念。但是，小部分学生仍对乘法结合律和分配律产生混淆。此时教师可以将乘法结合律和分配律通过点子图进行形象化，过程如图3-5-1所示，为学生的理解提供更多的直观形象支撑。

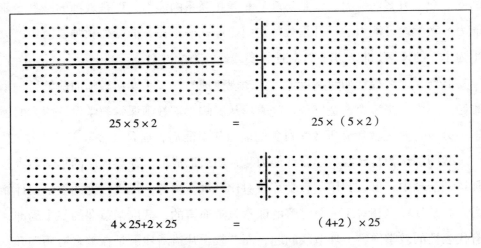

$$25 \times 5 \times 2 \qquad = \qquad 25 \times (5 \times 2)$$

$$4 \times 25 + 2 \times 25 \qquad = \qquad (4+2) \times 25$$

图3-5-1 运算定律与点子图的形象化过程

利用"教学片段对比"训练，新教师的教学设计能从学生的认识出发，借助点子图分一分，让学生对两者的认识不仅仅停留在算式特点上，而是更加直观地理解两者的含义和区别，从而提高新教师的教学设计能力。

2."分数的基本性质"与"商不变的性质"结合

学习知识就是学习知识点间是怎样相互关联的。如何将新知转化成旧知，从中探索解决新知的学习方法，是学习数学的重要思路。教师吃透教材和教师用书，把握好数学知识间的联系，并适时地把新旧知识整合起来。教师在教学设计时将"分数与除法"两者联系起来，让学生更易明白：分子相当于被除数，分母相当于除数，分数值相当于商。通过对比联系，学生感受到知识之间的联系，就能更好地进行自我知识建构，逐步形成模型思想。熟读教材，深刻把握数学知识之间的联系，才能进一步提高教师教学设计的有效性。

3."实际问题与方程"与线段图指导方法结合

"授之以鱼不如授之以渔"，教师在教学上最重要的是教会学生如何自主学习，因此学习方法的整理非常重要。教学上，教师可将某一类知识整合起来进行教学，如对学生容易混淆的知识可进行对比教学、对研究方法比较类似的知识可进行专题教学等，从而突破教学难点。

"画图"是解决问题中一种常用的学习方法，其中"线段图"的使用最为广泛，而且能简便、直观地表示问题中的数量关系。在人教版五年级上册"实际问题与方程"的教学中，学生对不同类型解决问题的数量关系难以把握。教师在设计时，可整合相近类型的问题作为题组进行对比教学，引导学生用线段图进行分析。设计以线段图为主题的解题方法专项指导课，通过"教学片段对比"训练，可把线段图的种类（单线图、双线图）通过生活例子进行对比梳理，也可根据题目设计多线图的题组对比练习。教师要结合实际情境，归纳出一般单线图可表示包含关系，双线图能用于解决和差关系、倍数关系等问题。

通过以线段图为主题的题组对比学习，学生能直观明了地理解题目中的数量关系，深度感受线段图的优点，加强画图辅助解题的技能，能把它运用到解决问题中，能提高数学应用意识。教师的教学片段对比设计，能把相近知识的内在联系剖析得更深入透彻，让学生的学习更深刻形象。通过对比训练，教师的设计会更趋完整，其教学设计能力自然会得到提高。

4. 数学课"认识百分数"与科学课"食物包装上的信息"结合

学生除了学习数学，小学阶段也会学习其他学科的知识，并不断积累生活经历，建立自己的知识结构。小学数学教师在教学设计时，应考虑到学生已有的知识经验，以学生的可持续发展为本，把学生的个人知识、生活经验和生长环境作为教学的重要资源，与数学课堂进行有效整合。例如学生在四年级下学期的科学课堂已学习了"食物包装上的信息"一课，经历了观察食品包装袋或包装盒来获得相关信息，初步了解了食品包装袋上"营养成分表"中百分数的意义。又如在六年级上学期教学"认识百分数"时，教师通过与"食物包装上的信息"进行跨学科知识的有效整合，调动学生已有的知识经验和生活经验，让学生感受到百分数并不是抽象的概念，它与生活密切相关；同时，结合新认识的"百分数的意义"，让学生深入理解不同食品的营养成分表所表示的意义。结合实际生活情境，设计中通过"教学片段对比"，让学生明白有些食品成分的百分数（百分率）是不超过100%的；有些生产方面的百分率是可以超过100%的；有些食品含量最多100%……教师把握好数学与其他学科关联资源的整合运用与开发，完善学生的知识结构，开发学生的创新意识，拓展数学课堂的宽度，真正实现数学课堂的育人功能，从而促进自身教学设计能力的提高。

（二）利用"教学片段对比"，巧用方法策略

在教师研训中，尝试利用"教学片段对比"进行训练，对收集到的易错题进行方法指导，能促进教师教学设计能力的提高。

以一年级的易错题目作为引子，一起来看看用到的几种方法策略。由于一年级有"大括号"与"问号"的看图列式题，有些学生从直觉上是知道"？"的答案，但难以将"？"与算式合理地表达出来，导致列式表达混乱。那么教师如何引导学生正确地理解和列式？教师进行教学设计时可以参考以下五种方法策略：

1. 生活情境再现，悟数学思想

低年级学生的思维大多停留在直观形象层面，因而教师可以利用这个特性，找几名学生再现题中动物或人物的生活情境。学生在教师的指导下把这个题目演一演，在数学生活化的情境中，理解题意便有了直观的依托。通过情境表演，学生很快理解到部分与整体的关系，题中的"？"何时表示部分、何时表示整体，求部分和整体的方法分别是什么。在学生明白道理后，教师再来个约定，求整体的加法模式图这样约定，求部分的减法模式图那样约定，让学生在生活情境再现中慢慢感悟出数学思想。

2. 编故事，加深易混题组的对比

为进一步让学生领悟题目的加法关系和减法关系，区别它们之间的异同，教师在教学这两种关系时，也可以让学生编故事补充题目所缺的部分，从感性上理解两题的生活情境及所表达的数学信息。

教师再引导学生观察图例中的数学符号所表示的意义，引起学生解题的思维冲突，让学生理解整体与部分的关系，找解决问题的关键所在。在加法模式与减法模式编故事情境中，学生进行了一次加工；在区分两种算法模式的教学时，学生进行了二次加工。这些训练为学生知识的内化学习加深了印象。

3. 符号批注分析，培养自学习惯

教师应对学生进行数学阅读理解和批注的训练，从关键字词、重点句入手，做好审题理解与提醒的标注，让学生养成"边读题，边思考，边圈出注意地方"的读题习惯。

题中为加、减单一运算的对比练习，结合图例情境，分别用加、减法图标进行批注，在理解的基础上约定：加法模型用一种求整体的批注形式，这种形式下的批注用加法解答；减法模型用一种求部分的批注形式，这种形式下的批注用减法解答，遇到的同类题型也如此操作。这种默认的批注方法在以后的相关学习上将发挥积极作用，会为相近易错题型的甄别学习扫除很多障碍。

4. 错题反推原题，做好现题与原题的对比

错题索源，从错题结果9+2=11（只）倒推可见，其原题图应是部分量"9"和部分量"2"合起来一共有多少的意思，是一道求整体的看图列式题，其原题应为图3-5-2所示。而现在的题目（即现题）是求部分量的题，应用减法"9-2=7（只）"来计算。

加强现题与原题的对比，抓住关键点，突出解题思路与方法的相异。通过对比，学生对此类题型的理解会更透彻，教师的教学设计目标性也会更强。

5. 给出解题式子，反训练编题

逆向思维的训练，往往是教师容易忽略的地方。教师不妨设计一组题目，给出两个相反或相近的式子，让学生反推题目原型，如6+3=9，6-3=3。学生根据式子，用自己的方式画图，如图3-5-2所示。

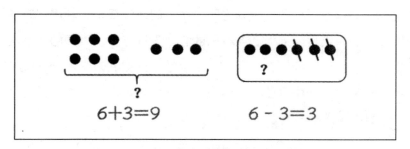

图3-5-2　学生反推的加法图、减法图

逆向思维反向训练，更加深了学生对加法、减法模型的认识与甄别，从更高层面上理解题目的意思，解题的正确率会更高。比如在"教学片段对比"训练时，一年级上学期的学生第一次接触看图写算式，经常会一把抓图中的数据，意会到问号的答案，但算式的表述及数的位置错乱的例子常有发生。教师分析学生书写的错因，有利于从学生的学习角度出发来思考教学设计。如何进行错题讲评设计，是突破知识点的重难点的关键所在，而且这个方法也可以迁移应用到教师的教学设计上。

（三）利用"教学片段对比"，巧处理多种知识类型

利用"教学片段对比"可以有效提高教师的课堂教学设计能力，指导学生进行有效的数学学习，用留痕的方式来呈现学习过程，从单一类知识的教学抓起，从稍复杂题型的教学找突破口，实现全方位的深入的"留痕学习"；把"留痕式"的学习过程纳入教学设计的范畴，拓展教学设计的内容，促进教师教学设计能力的提升。

加强"教学片段对比"，教学设计尝试从学生的独立思考、阅读过程、留痕批注上呈现学生的学习过程，便于教师发现问题、反馈情况，及时调整课堂教学内容和节奏，更有利于学生的深度思考、反思习惯的养成，进而提高常态课的教学效益，实现"教"与"学"的双长。

通过"教学片段对比"分析学生的思维特点，寻找思维突破口，解决教师的教学设计如何更接地气的问题。教学设计中的片段对比，不但停留在对典型知识案例的研究和认识的水平上，而且需要认识教育与发展之间的因果关系，提出一些积极的方法对策，以促进教师教学设计能力的提升。

对新教师进行专项培训，策划主题式学习的研训活动，利用"教学片段对比"的训练，能一定程度上提高新教师的教学设计能力。教师的教学设计还应包括学生学习组织层面的内容，因此，学生学习过程和教学设计实施过程的关注点，在教师教学设计中也要有所体现；从学生的数学阅读与解题批注方面进行训练，也能提高教师的教学设计能力。

二、数学阅读与解题批注训练，能提高教师的教学设计能力

入学不久的一年级学生，大多有一定的学前知识经验，一开始对数学纯计算类或单一类知识的学习是比较顺利的。随着所学知识的不断丰富，数学知识变得多样和综合，数学情境图题、图文并茂题、纯文字的问题等题型慢慢出现，导致有些学生会束手无策，张冠李戴的解题现象常常会出现。调查这类学生的课本学习资料，发现其学习过程中课本干干净净，而且没有草稿纸；同时

了解到其日常学习表现，如解题速度慢，面对题目犹疑不决。如果教师或家长解释一下题意，学生似乎马上就能领会，解题相对比较顺畅，在大人暗示提醒下，其正确率一般比较高。一旦遇到更换了背景的同类型题目，这类学生独立解答时就出错不断，刚刚会的同类型题马上变得又不会了；没见过的新题型就更加不会解答了。这种对学习具有依赖性、解题囫囵吞枣的现象，在小学一年级第一个学期出现得比较频繁。跟踪到二年级，发现在理解题意、找关键句和数量关系等方面的训练中，这类学生的反应明显滞后，出错率较高。被访谈的新入职的小数教师普遍反映，对这种情况教学有些束手无策。

阅读理解不仅仅为语文学习所广泛应用，同时也是数学学科深度学习、理解题意、掌握方法、提升数学思维的拐杖。数学阅读理解，是对数学综合题型、文本题型、解决问题题型的加工和理解的过程。学生深度思考、自学探究的能力要有意识地渗透和培养，对学习的培养与成长要有"螺旋式"上升的要求。对一年级的学生慢慢渗透自学教材的雏形——解题批注的教学，是克服学习依赖性、增强主动获取知识和培养能力的抓手，对发现问题、分析问题、解决问题等问题意识的培养具有一定的促进作用，也是提高学生自学能力的途径之一。

数学问题意识、数学阅读理解要从小学一年级入学开始抓起。下面将一些低年级的做法跟大家分享：

（一）低年级常用的数学解题教学

入读小学一年级的学生，要快速做好从幼儿园到学校的过渡，尽早适应校园学习的节奏。数学教学中很多时候需要一个过渡性的学习环境——游戏教学或情境教学，而数学情境生活化往往是不错的选择。这自然少不了教学设计中的情境创设与导入，让抽象的数学知识贴近学生的生活原型，运用学生的生活经验来领悟数学知识解决数学问题。在教学一、二年级数学时，教师一般会选用以下的方法来组织理解数学题意及解题教学。

1. 演生活情境，悟数学思想

低年级学生的思维大多停留在直观形象层面，其抽象思维及空间想象还未完全形成。把位置空间、序数关系融合在一起的题目，对入学不久的一年级学生来说有一定的难度。教师在教学时，让5名学生再现生活情境，并指导学生把这个题目演一演。在直观形象下，学生很快就能理解问题的计算方法，轻而易举解决了问题。

如这样的问题：在一场拔河比赛中，一方有3名学生，另一方有5名学生，这个游戏公平吗？对于这个抽象的数量变换找等量的题目，怎样才能使这个游戏变得公平？教师让学生演一演，再让学生发表见解，然后再理解题意。表演的时候，还可以结合方法多样性来进行逐个即时的直观演示，这样对深挖题目的数学思想帮助会很大。尤其是学生已有这样的生活经验，教学在生活情境的边演边讲解中进行，而教师再引导一题多解进行拓展思维训练，效果是不言而喻的。像这种有一定生活原型的情境题，是可以让学生来演生活情境悟数学思想的。有了这种教学实施意识，教师的教学设计能力自然有更高的切入点。

2. 脱离表演具象，口述解题思路

随着数学解题经验的不断丰富，一年级的学生在第一学期的后半段，可以采取较成熟的思维训练方法。以连减运算教学为例，学生在学习了一步计算的减法知识后，迎来了两步运算的知识。学生之前已经有了演的经验或经历，数学语言的组织方面也有了一定的基础，此时进行脱离表演情境的具象，口述讲解解题思路是没有问题的。

这种口述解题思路的教学训练，比较适合学生独自说题意（情境过程）和解题思路，或同桌互说互查，容易上手、易操作。教师易于观察、便于调控，但用时比较长。新教师的教学设计不妨按需增加这样的互动设计。

3. 示意图标记，帮助理解题意

前面三种方法是借助情境直观，利用学生的生活经验来帮助解题的。接下来介绍的是以学生应用为特征的学习。外在显性地利用情境的表演、编故事、口述思路等方式是低年级数学解题的入门级，而解题比较高一级的做法，是用数学符号代替情境的演示过程。应用前期的解题经验，去掉耗时的演练过程，抽象到符号代替演练的具象，这不得不说是学生抽象思维训练的必由之路。

比如解决这个问题：一排有10名男生，每相邻两名男生之间站一名女生，一共可以站进多少名女生？若男生用"1"表示，女生用"0"表示，解题示意图标记为：1010101010101010101。这样不但有助于理解题意，而且能省时高效。由于一年级下学期的学生还没学植树问题等知识，教师可以用示意图做标记来帮助学生对题目进行理解。直观地应用图形能使题目变得简单易懂，让学生的思维从抽象到具象。这种简单图式结合的运用，可以提高新教师的教学设计能力。

4. 独立阅读，批注解题

二年级学生对数学基础题型学得差不多的时候，遇到综合类的问题知识的学习，可以通过独立阅读、找解题关键句、分析数量关系、书面批注来尝试解题。比如求比一个数少（或多）几类型的问题：王伯伯今年养了53只鸭，去年比今年少18只，去年有多少只？可做以下批注（见图3-5-3）：

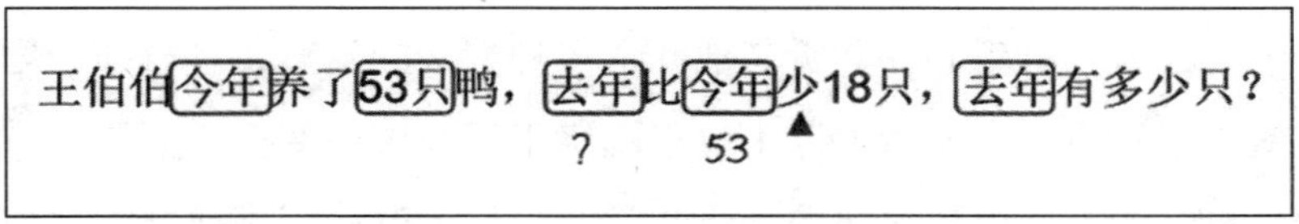

王伯伯今年养了53只鸭，去年比今年少18只，去年有多少只？
　　　　　　　　　　　　　? 　　53　▲

图3-5-3　阅读批注示例

在综合运用所学的知识进行解题时，把学生内在隐性的思考过程转化成教师可检测的显性批注理解阅读，是实现高效课堂、提升教师教学设计能力的因变量，是教师根据反馈进行及时课堂调控的来源依据。低年级学生学习数学方式慢慢向这种阅读理解方式过渡，对培养学生中、高年级的阅读能力，对教材的自学能力会有一定的促进作用。对低年级的学习而言，这是一种较为成熟的数学阅读理解方法，使数学知识的内化学习逐步达到一个自动化的层次。

（二）情境演练理解延伸到阅读批注理解

上述4种数学阅读理解教学方式，是帮助起始年级学生感悟数学内涵、厘清数量关系的常用解题手段，更多表现在对题目的情境演练理解层面上。起始年级的数学课堂阅读教学应在平时常态课中把数学解题教学法与阅读批注理解有机融合在一起，慢慢渗透阅读教学，从而提高起始年级学生自学教材的能力。

上面提及的后两种数学阅读理解教学方式，已经具备了数学解题阅读的雏形，若持之以恒，可以逐步形成学习过程留痕的教学方式。前三种介绍的数学解题教学法都围绕创设情境进行教学，而且每一种都比前一种有进步，有不断提升的趋势。当教师组织学生用显性活动对数学知识进行感性理解后，还可以进一步地向学生渗透：活动结束了，你能再讲一次刚刚的解题方法吗？当学生借助教师的"拐杖"能站起来解答时，教师不要忘记让学生回顾想法，独自巩固内化；又或者让学生同桌之间再巩固说说题目的意思、解答过程，最后过渡到图式结合的解题阅读批注的书写层面。

（三）低年级数学阅读理解与解题批注相融合的尝试

新课程改革迎来一阵热热闹闹的课堂教学浪潮，最近有一种"让课堂静下来"的呼声逐渐响起。笔者发现，很多课堂解题的教学，让大部分学生充当观众，回答的权利往往集中在个别的优等生身上；也有部分学生以为自己的答案都做出来了，就没有耐心去聆听其他同学多种方法的发言，且教师一题多解的讲解也就成了耳边风。学生上课不仅仅围绕于听与讲的变换，更要全员进行阅读能力、自学能力、思考习惯的训练，学习将思考过程用书面方式呈现出来。解题不仅仅是满足于一个简单的答式，低年级应把数学阅读理解与解题批注融合起来，列式解答前面要有该题的思考过程、理解批注的呈现。

提高新教师教学设计能力，还可以从合理整合教学资源方面进行训练，让新教师的视野更开阔，站得高、望得远。

三、合理整合教学资源训练，提高教师的教学设计能力

教师的教学设计能力，不仅仅是简单的"备课"能力，可分为专业基础领域的能力、计划与分析领域的能力、设计与开发领域的能力、评价与实施领域的能力和管理领域的能力。选择或调整现有的教学内容，在设计中整合运用已有的教学材料和开发教学材料，应是教师的基本能力之一。应如何合理选择或调整现有的教学内容，提高教师这方面的教学设计能力？《数学课程标准》给了一定的指导方向：在数学教学活动中，教师要创造性地使用教材，积极开发、利用各种教学资源，为学生提供丰富多彩的学习素材。结合平时的数学教

学来看，教材的使用为一线教师提供了非常重要的教学参考和研究价值。

（一）充分研究学生学习特点

小学生开始具有逻辑思维和真正运算的能力，先后获得各种守恒概念，但运算的形式和内容仍以具体事物为依据，脱离不了具体事物或形象的支持。例如在教学笔算乘法时，教师可创设具体的教学情境：运动会时，王老师买了12箱水，每箱14瓶，王老师一共买了几瓶水？这一情境给学生的计算方法赋予了实际意义。教师还可以通过点子图（见图3-5-4）帮助学生理解算式含义，加以形象化。借助点子图分一分，学生对计算的认识就不仅仅停留在观察算式的特点上了，而是更加直观、清晰地理解两者算法的含义和区别。

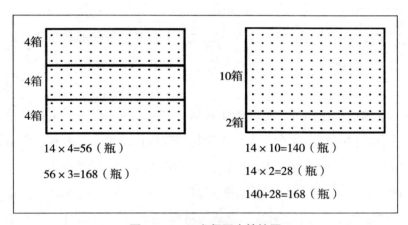

图3-5-4　王老师买水情境图

（二）认真研读教材和教师用书

事物间是相互关联的。将新知转化成旧知，从而探索解决新知的学习方法，是学习数学的重要思路。因此，教师应吃透教材和教师用书，把握好数学知识间的联系，并适时地把新旧知识整合起来。

（三）合理应用信息技术

小学是形象思维向抽象思维过渡的重要阶段，而培养学生的创新思维建立在形象思维发展的基础上。因此，在数学教学中，教师应尽可能帮助学生建立具体形象的表征。随着科技的发展，信息技术在一定程度上与数学资源的整合，比准备充分的教具更为便捷、高效，即便它的作用并不能完全代替原来的教学手段，但它可以呈现出原来的教学手段难以达到的效果，更好地改变教学方式、提高教学效率。例如，教师利用计算机展示几何图形的平移、旋转等运动；在综合实践或探索规律的教学中，教师可适当运用计算器进行较为复杂的计算；教师录制微课，可提高教学效率，培养学生专注地学习某一知识点的习惯，也能让学生回家自学巩固；教师利用思维导图，帮助学生进行知识结构梳理；等等。教师通过信息技术提高课堂效率，可以更多地关注学生核心素养的培养，从而提升教学设计能力。

据马兰、盛力群等老师对教师教学设计能力现状的调查可知，教学中使用多媒体的情况如下：在教学中几乎不用多媒体的教师占8%，很少使用的占20%，较常使用的占51%，每节课都用的占21%。教学中仍然存在着不合理使用和不重视多媒体使用的情况，这在一定程度上造成了教师的教学设计能力停滞不前。因此，教师应不断更新自己的教学观念和学习能力，重视信息技术的合理应用。

教学资源的优化整合，不但能让教师更多地关注和思考学生数学核心素养的发展，有效提高教学效率，而且能为教师教研提供更多的素材，营造良好的学习环境，提高设计与开发方面的能力，从而提高教学设计能力。

在选择、优化、整合教学资源的过程中，教师并不能为了标新立异而硬做整合，这需要建立在吃透课程标准、读透教材和教师用书的基础上，需要教师不断学习多方面的知识，不断反思、总结方法。课堂组织能力的提升，反过来也能促进新教师设计能力的提高。以下利用"听、说、读、写"四种方法去增强、提升新教师的课堂组织能力，这也是促进新教师教学设计能力提升的不错之选。

四、课堂听说读写组织训练，提高教师的教学设计能力

随着《中国学生发展核心素养》总体框架的正式发布，以培养"全面发展的人"为核心理念，人文底蕴、科学精神、学会学习、健康生活、责任担当、实践创新的六大素养成为教育教学研讨的关键词。这是时代对教师的教育教学能力提出了更高要求。在这样的时代背景下，教师更应具备对课堂更高的组织调控能力，对学生更强的感知能力，如此才能师生联合创造高效课堂。初涉职

场的新教师面对无组织、无纪律的课堂，面对突发事件时常常手足无措，对学生的素质培养更难以落实。数学学科具有其抽象性与逻辑性，因此要学好数学，学生必须学会静下来思考。小学数学新教师能否调控课堂纪律，能否与小学生有效对话，引导学生进行课堂探究性学习，是高效课堂的前提。因此，提升自身的课堂组织能力是小学数学新教师的重要任务。

在许多文献中可以轻易地找到提高课堂组织管理能力的方法，如"进行有效的纪律管理，指导规范的课堂程序，营造和谐的教学氛围，保持浓厚的学习兴趣"，又或者"管理课堂秩序，建立良好行为标准，集中学生注意力，保证学生学习精力的有效投入，激发学生学习兴趣，产生学习动机"。这些文献都提到了纪律管理、教学氛围、学习兴趣、学习积极性等关键词。相信要改善课堂的教学氛围、提高课堂的教学质量、提升新教师的课堂组织管理能力，上述几点都是必要的。

新教师怎样才能够在日常教学工作中提高组织管理能力？针对这样的思考，我们可以利用"听、说、读、写"四种方法来锻炼、提升小学数学新教师的课堂组织能力，从而提高新教师的教学设计能力。

（一）听——倾听学生的声音

教师应走进学生的中间，蹲下来聆听学生的诉求、聆听学生的感受。在课堂之外，教师要愿意花时间倾听学生的声音，从而拉近师生之间的心理距离，建立良好、融洽的师生关系。在课堂之上，教师要适时地耐心倾听，肯定学生思考的价值，增强学生的自信心，同时帮助学生获得点滴成就感。因为听，教师能更及时、准确地发现学生的缺失处、断层面。愿意听、耐心听、主动听，是建立师生间彼此信任的桥梁，是一切教育教学行为的基础。

（二）说——说学生听得懂的话

教师和父母一样，都需要高水准的交流能力。聪明的教师对自己的用语非常敏感。在和学生的沟通中，希望教师能掌握更简洁明了、科学恰当、符合孩子认知规律的语言体系去讲授课堂内容，去表达期待与愿望，或者批评教育；把自己当成孩子，然后再和孩子对话，就会自然地避免用大道理去说教而完全无效果的尴尬。无论孩子处于高兴或是悲伤、合作或是敌对的状态，他们都是渴望被理解、被尊重、被感同身受的。

尼克森在《正面管教》中教给新教师"赢得"孩子的四个步骤：表达对孩子感受的理解、表达对孩子的同情、告诉孩子你的感受、让孩子关注于解决问题。向孩子表达教师的理解、感同身受，会给孩子带来积极的信息，孩子会正确地面对自己的感受并得到尊重，而不是被无视、被否定；用和善的语气去引导孩子想办法解决问题，而不是用命令式的语气告诉他们正确的解决方法，会让孩子更愿意主动参与解决问题。在许多课堂上的纪律事件中，孩子都曾发出被理解、被关注的信号。纪律事件是骤然升级还是悄悄化解，在于教师的语言传达出来的是友善还是敌对。一个孩子是获得进步还是日益堕落，教师的态度发挥着重要的影响。简单地、尊重地、商量地和孩子说话，是新教师打开孩子内心世界的必备钥匙。还要注意的是：无论是教学语言还是评价语言，教师有效地运用引导语、提问语才能有效地促进学生学习。

（三）读——读懂学生的神情与行为

眼睛是心灵的窗户，眼睛能够透出学生对一堂课的参与程度、思考程度。是活灵活现地转动眼珠还是呆滞地望着黑板，是学有所得还是空洞无物，学生脸上的神情在一定程度上反馈了学习情况。课堂上学生出现的异常行为，也是新教师要警惕在意的。趴桌子上托着腮帮左顾右盼，玩尺子、玩橡皮擦、玩手指，又或者公然与教师唱反调，拒绝学习等叛逆行为，每个行为都有其背后的原因。课堂上，如果教师发现这些行为频繁出现时，应该先停下来。课堂上，新教师经常容易专注于自己的讲课，而忽视了学生的参与程度。教师只顾自己讲，就容易把课堂变得沉闷枯燥，忽视学生的学习感受。有些新教师追求小组合作，但活动规则要求都不明确是否被学生理解时就开展，很容易把课堂变得华而不实、热闹走过场。要集中学生的注意力，要调动学生更主动地参与课堂教学，除了把控课堂教学内容是否完整科学、教学方式是否恰当、教学手段是否活泼有趣之外，更要关注学生的课堂感受。读懂学生的微变化，是给学生多一份关注的机会，也是给教师自己多一份思考的空间。

（四）写——写下学生的点滴

在每天的教学过程中，教师与学生不只是教与学知识的互动，师生相处更多的是互相成长、成就对方。教师应蹲下来聆听孩子的声音，弯下腰感受孩子的喜怒哀乐惧，用心读懂孩子的行为，并将它们记录下来，而这些素材可以帮助教师更容易走进孩子的内心，更好地理解孩子、帮助孩子。人们总说，用教育机智恰当地处理突发事件。其实，教育机智更应该从日常教育的点滴细节中积累，通过对日常教育教学行为的正思与反思，提炼出对一类事件的恰当处理方式。这对于新教师的课堂组织能力的持续提升是有实际效果的，对新教师的教学设计能力的提升更是起到促进作用的。

第六节　站点式教学——以教师
个别化教学能力为例

内容提要：

"站点式"教学方式，即"站点轮换（Station Rotation）"，是小组学习方式的一种，是一种介于整班学习与个别学习之间的组织形式。教师围绕教学目标，设计3~5个学习站点，每个站点有明确的学习任务，让学生在指定的时间内依次访问各个站点，从而有效达成学习目标。

小学数学作为开拓学生思维、建立基础逻辑的学科，受到越来越多的关注和重视。作为一门基础性课程，数学不仅在教学上要引导学生学习和掌握基础的数学知识、运算能力、初步的逻辑思维和空间思维，还需要在教学过程中帮助学生养成良好的学习习惯。然而，在小学教学中，以班级授课制为主的教学形式占据主要地位，对学生"标准划一""同一指令"的要求仍然是现今教学的主要特征。教师个别化教学意识薄弱，没有做到真正的因材施教，难以照顾学生的个体差异，使得部分学生得不到发展，学生在学业成绩上的两极分化越来越严重。

因此，面对不同个体的发展，个别化教学变得越来越重要，而提升教师个别化教学能力变得尤为重要。教师要改变教学模式和教学理念。教师采用的教学方式不再是单一地教，而学生学习的目的也不再是单一地学，这对小学数学教师提出了更高的要求。在教学中，教师要给学生建立一个和谐、愉快的课堂学习环境，让学生在合作、自主的教学模式中感受到学习数学的乐趣，让每一个个体都能得到发展。然而，现今有些教师使用传统单一的个别化指导方式，加重了工作量，延长了工作时间，跟不上教学改革的发展步伐，个别化指导的见效小。因此，开拓个别化教学的新思路，丰富个别化指导的形式，进而提升个别化教学辅导能力是当代教师需要思考的问题。

一、个别化教学的现状

个别化教学的本质就是因材施教，实质就是根据学生身心发展的特点和个体差异，采取有利于学生发展的、适合学生特点的教学方法进行教学，其核心是让每一位学生都能得到发展。教育从根本上是面向全体学生的，是促进每一位学生个性全面发展的。我国的小学数学课堂教学，由于班级人数比较多，教学内容严格按照课程标准或者教材"齐步走"，尽管有不少个别化课堂教学策略，如分层教学策略、评价教学策略、参与教学策略等被应用于课堂当中，但是个别化教学体系还不够完善。

（一）教师缺乏个别化教学的思想观念

有些教师认为，学生之间不存在明显的个性差异，认为学生只要通过努力学习，就能达到相同的学习目标，所以在教学实践中，往往忽视了学生个体的接受程度，采用同一种教学方法对待所有学生，忽视了对每位学生的了解，从而影响了学生的发展。这就要求每位教师都要具有个别化教学的思想，对不同的个体进行个别化教学辅导。

（二）个别化教学形式与任务比较单一

当今的小学课堂中，主要的教学形式依然是班级授课制，它可以大规模地向全体学生进行教学，一位教师能够同时教许多学生。这扩大了单位教师的教学能量，有助于提高教学效率。然而，由于是全体学生共同学习，班级授课制强调的是统一、"齐步走"，难以照顾学生的个体差异。小组教学就是在班级空间里化整为零的一种教学组织形式，介于整班学习与个别学习之间，有效地满足了班级授课制框架内学生的个别化学习需求。如今，小学数学课堂中的小组教学越来越常见，受到越来越多教师的欢迎。

1. 个别化教学开展形式单一

当前的小学数学教学基本上是一个"新授—练习—巩固"的过程，是教师带领全班学生开展的一个"教"与"学"的过程，而在"练习"过程中，基本上是"先练后讲"或者是"边练边讲"的模式，其他学习形态还可能是学生板演、个别问答、同桌互动等。教师在"学生练习"环节使用"小组学习"时，基本上采用平行策略，即班级内的若干小组完成的是同一个学习任务，或者是从几个学习任务中挑选一个，在规定时间内完成。但由于学生个体的差异，每位学生的知识基础、接受能力和处理能力都是不一样的，教师却用同一标准要求学生，用同样方式在同一时间进行教学，可见效果会有不理想之处。

小组教学不单单是一种分组学习，它更是一种培养学生相互学习、相互合作的契机，让学生在一个共同的平台上进行同样问题不同看法的探讨。然而，现如今在很多小组教学中，小组成员往往自己做自己的、自己思考自己的，做完以后或思考以后的成果缺乏一个相互分享、相互探讨的过程，这样的小组学习是不成功的，也是不能被称为小组学习的。

如今大多数的小组教学，是以任务平行的策略来开展的，即教师把班级分成若干个小组，让每一个小组处理相同的任务（见表3-6-1）。这样的分组任务往往会变成过于形式化，为了小组学习而小组学习。另外，这样的单一任务会使组内的学困生只听学优生的讲解或被动接受学优生和教师最后总结的结论，而没有经过自身思考与探究，最后，小组内部就形成小规模的传统教学模式。

表3-6-1　小组教学的一般形式

组别	任务	任务	任务	任务
小组一	任务一	任务二	任务三	任务四
小组二	任务一	任务二	任务三	任务四
小组三	任务一	任务二	任务三	任务四
小组四	任务一	任务二	任务三	任务四

2. 个别化教学任务、评价单一

在班级授课制的课堂中，教师往往对学生进行整体化指导或者集体指导，对同一个学习主题的学习任务，让全班学生在同一个时间内完成，采取统一的进度来学习，甚至用同一种方法进行"问题解决"。每位学生都按照既定的步调去执行教师的指令或者完成教师布置的任务。教师用同一标准来要求学生，不关注学生的差异性，长此以往，势必会有部分学生难以适应课堂教学而得不到发展，导致其数学课堂的参与度越来越低，数学学习越来越困难。

教师虽然已经具备了关注学生差异、尊重个体差异的观念，但是差异共享的学生观和因材施教的教学观并没有很好地在课堂上实施，这体现在课堂教学设计过于单一、措施没有真正实践在教学上、形式过于传统等方面。目前，有些教师在教学练习设计中没有体现层次性，或有了层次性但没有很好地体现学生的分层练习与学习，而学生在课堂上的学习还是"一刀切"，一起完成同一难度、同一类型的题目。评价的目的不是对学生的学习成绩作最终的判断，也不是要划分学生的优劣等级，而是让学生对自己有一个清晰的认识，并以此评价为出发点，从而更进一步地学习。然而，传统的评价方式是纸笔测验，这种方式过于注重知识的评价而不注重能力评价，无法客观、准确地评价一名学生，忽略了以人为本的教育教学思想。对于不同个体差异而言，传统的评价方式并没有起到一定积极的作用。

（三）个别化教学其他方面的不足

1. 学生的参与度参差不齐

每位学生的学习能力是不一样的，学习成绩也有所不同。学生在参与小组学习的过程中，从参与度的角度上说，学习成绩好的学生往往勇于在小组中进行发言，表达自己的所思所想，在完成小组任务的过程中往往思考和解决了大部分的问题；而那些成绩相对差一点的学生，无论在发言上，还是在任务的完成度上都会显得有一点不足，那么，这就导致小组教学的教学效果是参差不齐的。在进行小组学习的过程中，有一部分学生在交流互动的过程中扮演听众的角色，表面上在参与，实际上东张西望，最后只有学习成绩好的学生给出了正确答案，其他学生几乎很少发言或人云亦云。这样的小组合作学习看上去像是所有学生都在参与，但实际上，到最后却变成优秀学生的舞台。另外，在小组合作的学习中，小组成员发言少，小组内的组长或者小组代表发言得多，还有的小组出现了放任自流的现象等。久而久之，学习成绩好的学生成绩越来越好，学习成绩较差的学生成绩越来越差，于是出现了学生学业成绩两极分化的现象。

2. 学习内容不合理

小组教学中学习内容直接关系到学生的学习兴趣。在课堂上，小组成员间可以对遇到的问题进行讨论和交流，积极参与课堂，合作探索问题，从而提高学习效率。然而，在一些数学课堂的小组教学中，教师过于注重小组讨论，对于一些没有思考价值的问题也要求学生研讨，结果适得其反，导致学生失去兴趣，不愿参与，既浪费了课堂时间，又降低了学习效率。另外，没有考虑到小组学生的差异性，教师设计的一些小组学习活动内容过于困难或者简单，从而出现小组学习中过于简单的问题无须讨论、过于难的问题无从讨论的现象。

3. 小组合作学习时间不充裕

与传统教学模式相比，小组教学模式旨在提高学生的自主学习能力和探索能力，要求学生有充足的自主探究时间和小组合作时间。在实践过程中发现，为了课程的多样化，有的教师设置了过多的环节，只注重形式，而忽视了实际效果，导致学生自我发挥与合作讨论时间不足，交流不够充分，进而跟不上教师的节奏，挫伤学习积极性，没有达到小组学习的教学目的。

4. 教师的参与度控制不好

在小组模式教学过程中，教师的角色十分重要，是教学中的指导者和组织者，所以教师应合理把握自己在小组合作学习过程中的参与度。在学生开始分组讨论时，有的教师会加入和学生一起探讨，然而在这个过程中，教师的观点通常会在很大程度上影响学生的讨论结果、束缚学生的思想，使学生不能独立思考，达不到合作交流的目的。另外，在小组学习过程中，成员之间交流观点时，难免在意见上会有分歧。这时，教师应及时介入并帮助解决问题和矛盾，正确点拨，引导学生进行多方面思考。

因此，在开展个别化教学时，特别是小组教学时，教师要注意与传统课堂教学模式的不同。小组教学在形式和过程上，都极具感官上的多姿多彩。

无疑，这种教学方式是适合数学教学的，它将课堂严肃的气氛打破，将学生的学习热情带动起来，从而让学生不自觉地对数学学习产生兴趣。在这样热情、活力的学习环境下，小学生往往不自觉地融入课堂学习中，因而，小组教学是适合小学数学教学的。另外，让学生进行有效的小组学习，能够有效提升学生学习的积极性，丰富学生的解题方法，培养学生的合作意识。有效的小组教学还能加强师生间的交流，有利于个别化指导的开展，从而实现有效课堂。

二、站点式教学

有效地将小组教学应用到小学数学课堂中，不仅能够给学生搭建自主学习的平台，提高学生的学习积极性和能力，加强师生之间的交流，还有助于有效课堂的顺利实现，落实"以生为本"的教学理念。小组教学模式能充分体现教学活动的社会性、效率性，使学生成为课堂的主体，让学生学习的独立性、主动性、创造性得到相应发展。培养学生的集体责任感、个人自主意识及合作精神，是对传统教学模式的一种突破。站点式教学，也是一种小组学习模式，是对小组教学的一种补充。在个性化教学呼声日隆的当今社会，个别化指导的方式有很多，而在很受教师欢迎的"小组学习"中，"站点轮换"是一个重要的创新举措。

（一）站点式教学的内涵

"站点式"教学方式，即"站点轮换"，是小组学习方式的一种，这是一种介于整班学习与个别学习之间的组织形式。教师围绕教学目标，设计3～5个学习站点（见表3-6-2），每个站点有明确的学习任务（见表3-6-3），学生在指定的时间内依次访问各个站点，从而有效达成学习目标。最后，通过分组和站点轮换，细化出不同学习组织形式，辅以不同的学习方法和指导策略，结合学生个体差异的具体情况，进行不同站点、不同任务的个别化辅导，提高小组学习和小组活动的有效性，有效满足班级授课制框架内学生的个别化学习需求。

表3-6-2 站点式教学（组别轮换顺序不唯一）

站点1	站点2	站点3	站点4	站点5
A组	B组	C组	D组	E组
B组	C组	D组	E组	B组
C组	D组	E组	A组	C组
D组	E组	A组	B组	D组
E组	A组	B组	C组	E组

表3-6-3 站点的学习任务分解

不同站点	学习任务
站点1	教师辅导站
站点2	微课讲解站
站点3	基础热身站
站点4	巩固练习站（迁移）
站点5	提升拓展站（一题多解、一题多变）
站点6	高阶思维站（开放性思维）

（二）站点式教学的实施

1. 小学数学课堂的应用

教师在课堂中如何实施"站点轮换"？首先，教师在开展"站点轮换"教学时，需要在课前做好充足的准备工作，制定合理的教学计划，重视对课程的安排，进行教学内容与"站点"的设计。同时，教师要思考如何更好地调动学生的积极性，如何更好地发挥"站点"的作用。其次，教师在课前要根据学生的情况进行分组，定好小组长，让学生课前知晓当天的分组情况，并根据教师的分组，自觉进行小组学习模式。最后，教师细化出不同站点的内容，给予不同的学习指导和辅导，结合学生的个体差异，进行不同站点不同任务的个别化辅导，提高学生学习的有效性，有效满足不同学生的不同需求。例如，我们可以把"站点1"设计为教师辅导，"站点2"设计为微课讲解站，"站点3"设计为新授课内容的基本知识点的练习，"站点4"设计为学生直接运用方法就能解决的巩固、迁移练习，"站点5"设计一些变式，需要学生通过理解、灵活运用方法来解决的练习，"站点6"设计一些高阶思维或一题多解的开放性思维的练习。

以平行四边形面积的练习课为例："站点1"为教师的辅导；"站点2"是本节练习课的相关微课讲解；"站点3"是一组基础练习题，即给出一个平行四边形，给出一组底和高，求面积；"站点4"是一组巩固迁移题，即给出两组底和高，选择其中一组来求面积，给出一个平行四边形，让学生想办法求出该平行四边形的面积（量底、作高、量高），平行四边形的解决问题（题目中设计单位不一样，需要学生转化单位）；"站点5"是关于等底等高平行四边形的特点的探究题，已知长方形或正方形的周长来求平行四边形的面积的运用；"站点6"为长方形拉伸为一个平行四边形和一个平行四边形拉伸为一个长方形的面积与周长的特点探究，给出一个多边形，需要通过转化为已学图形的面积来解决其面积的一题多解的开放题。

在设计站点时，教师可灵活考虑班级情况和学生的具体情况进行站点的增减，或者站点内容难度和容量的调整，甚至可以尝试让完成站点轮换的学生组成"合作学习工作站"，给需要帮助的同学提供帮助，从而进一步巩固学生所学知识。

2. 实施方法

教师提前向"站点式"学习小组学生说明要求、轮换进行方式及考核评价方式，根据学生合作探究能力、学习能力及学习情况分好组，确定组长，让学生备好纸、笔。

（1）第一阶段：学生在教师带领下进行相关知识点梳理。

（2）第二阶段：学生通过小组学习模式，进行站点轮换；教师巡视观察。

教师根据教学安排设计好各站点内容。学生进入站点学习后，根据自己的学习情况进行站点轮换。教师在各站点间巡视观察。在合作学习中，教师充当管理者、促进者、咨询者、顾问和参与者等多种角色，旨在促进整个教学过程的发展，使学生与新知之间的矛盾得到解决；建立多边型教学关系，在师生互动、生生互动中促使小组成为互相依赖又分工明确的团队，达到学习效果最大化。教师通过建立和谐、民主、安全、信任的课堂心理环境来唤醒学生的参与意识，提高其参与水平，包容学生在课堂上所犯的错误，鼓励学生积极投入探究学习活动中；同时突出生生互动的重要地位，在组内练习出现争议或站点轮换选择出现分歧时，要求组长及时进行沟通解决。

（3）第三阶段：抽查考核，检验学生效果。

站点轮换完成后，教师在各组随机抽取一名学生，要求其完成某个站点的任务，让所有学生共同参与考核评价。本着"不求人人成功，但求人人进步"的原则，考核评价不打分，只评价其优缺点，为其查漏补缺，教师对学生任务完成情况进行等级评价，并且该等级为其小组所有成员的共同评价结果。这样形成的"组内合作"模式促使学生学会合作学习、共同进步，使得评价重心由鼓励个人竞争达标转向大家合作达标，同时也更重视过程性评价，而非以往单纯以期末测试考核成绩为主的终结性评价。

对于学生的个人评价，教师可以对巡视课堂或者辅导站中所遇到的情况进行随堂笔录。教师可根据教学需要进行调整（如建构直角坐标系，纵轴"小组活动成果"、横轴"个人在小组学习中的作用"），以快速进行课堂调节，起到教学相长的作用。但由于关注点集中，有一定主观性，不能全面评价教学效果，因此应进一步研究以学生参与为主的教学效果评价，建构新的课程考核评价指标体系及教学评价体系。

（4）第四阶段：形成学生个别化辅导档案。

在学生进行课堂练习轮换的过程中，教师在巡视的同时应当做好记录，如关注学生的数学学习兴趣、学习数学的主动性和积极性，关注学生在解决问题时策略的多样性、良性沟通和交流时的特点，关注学优生在分享时的表达与思维的呈现方式、学困生在分享与虚心向别人请教后再到独立思考解决问题的态度与措施，关注学生对于相关知识点的掌握情况、困难点及所轮换站点的时间分配。形成学生个别化辅导档案有助于教师做好相关教学内容设计的难度和容量的调整，以及课后的培优补差工作。

3. 实施难点

教师运用"站点式"教学方式，可以充分调动学生学习的积极性，让学生访问不同的站点，可以使不同程度的学生都得到一定程度的发展。教师在实施站点式教学进行个别化教学的过程中，也会存在一些实施难点。

（1）在实施站点式教学的前期，对教师的要求比较高，如教师需更加细致地备教材，对教学内容认真备课，钻研教材，细化组织教学环节；教师需更加充分地备学生，在充分了解学生的基础上，制定切实可行的教学计划，设计合理、有效的教学内容，把握好教学节奏，使学生在课堂的学习中都能得到发展。

（2）在学生的分组把握上，几人为一组能够达到最优的小组学习效果，如何培养学生交流合作的学习习惯，是教师平时教育教学当中要关注的问题；每一位学生的学习情况、学习能力、表达能力和交流沟通能力也需要教师进行细致了解和分析，如此，才有助于教师更好地进行分组或者在轮换巡视时给予学生恰当的帮助。

（3）在"站点"难度设计的把握上，需要教师根据教学内容及班级学生的具体情况进行有层次、有效果的设计。例如，对于两极分化较为严重的班级，教师可以尝试把"站点3、站点6"的容量设计得多一点，把"站点4、站点5"的占比减少一点；对于学生能力比较平均的班级，教师可把"站点4、站点5"的容量适当加大，减少"站点3、站点6"的占比。根据班级学生的具体情况，教师要做到灵活地调整。

（4）出现"站点"访问困难的情况，教师应当即时给予指导。例如比较有自信的小组一开始就访问"站点6"而无法突破，此时，教师可给予建议，让其先退出"站点6"，先进行"站点3"或者"站点4"的访问，循序渐进。又如有的小组在"站点3"的访问时出现了问题，此时，教师应引导其回到"站点1"教师辅导处，给予及时的知识梳理与辅导。

（5）当"站点"任务完成进度不一致时，轮换时会出现"交通堵塞"，这主要与各"站点"任务本身的难易程度及各组学生的基础水平不同有关。教师可适当给予帮助和建议，或者同组间互相帮助，进行合作交流的学习。而教师对各"站点"的监控程度可能对学生的学习主动性产生影响，对于关注度高的"站点"，学生往往更加积极主动，因此教师应在巡视观察中进行适当调节；学生对任务的完成标准与教师的期待有所差距，这主要与双方对任务的理解不一致有关，因此教师设置任务时应尽量明确，同时向学生说明清楚，并在随后的监控中适当进行干预、引导。

（6）在站点式教学中，教师要充分相信学生能够依靠自己及团队的力量完成各"站点"任务。当发现学生的错误后，教师应尽量避免直接纠正，先让组内成员进行判断评价，然后对其中没有发现的问题进行补充说明。这样既能避免影响学生的积极性，又能让学生体验正确及错题方法的不同效果，自己寻找答案，自主对知识、技能进行建构、解构和重构。站点式学习法要求教师积极进行教学经验交流、开展教学研究，在师师互动中准确把握学情，灵活调节课堂节奏，科学设置各"站点"任务，提高教学水平。

（7）学生进行"站点"间轮换的速度参差不齐。由于学生具有差异性，学习能力有所差距，因而会出现有的小组轮换速度相对较快，而有的小组轮换速度相对过慢的情况。对于这种情况，教师应当做好差异化的准备，为提前完成统一学习任务的学生拓宽学习广度、增加学习深度，或者让这些提前完成任务的学生成立新的"站点"——互帮互助学习站。这不仅能够让学优生锻炼表达能力，训练思维能力，进一步梳理知识要点，巩固所学知识与方法，同时还能让学困生虚心请教，学会倾听，"听懂"别人的想法，并且从别人的表达中学会思考，强化解决问题的能力，丰富解题策略。当学生的自主学习遇到困难时，教师也应当及时提供帮助。

三、站点式教学对小学数学教学的意义

1. 加强对学生的个别化指导

"站点轮换"教学能激起学生极大的兴趣和好奇心，打破传统的同一标准、同一问题学习的学习方式，使教学过程更加灵活、课堂安排更加紧凑、课堂气氛更加活跃，让学生学习的主动性和积极性有一定程度的提高。教师和学生的高效互动、及时反馈，使学生更好地掌握了所学知识，适应了不同情况的学生的学习需求，减少了学习焦虑。

在"站点轮换"过程中，教师可以把关注点更加集中在关键的师生交流环节。由于小组的学生人数更少，教师更容易关注到每一位学生，由此学生能够获得更多的师生交流机会。假设在一个有16位学生参与的、时长为40分钟的传

统教学活动中，教师如果安排10分钟的师生个别化指导环节，那么学生获得的人均师生交流时间不到1分钟。教师如果是通过"站点轮换"组织教学，把16位学生分成4组，每组4位学生，那么学生可以获得人均2.5分钟的师生交流时间，是传统教学方式的250%以上。

2. 为个别化教学提供一个新思路

站点式学习法是基于行动导向教学模式的一种学习方式。站点式教学是以任务驱动学生学习的过程，使学生在轮换到一个"站点"时能够重点关注子任务的解决，而非以往教学中强调掌握所有重点、难点，让学生能够有目的性地获得知识，也让课堂更好地实现生生互动，促进学生自主学习。

站点式学习法以学生为主体，以行动为导向，尤其适用于操作体验教学或理论课的复习、练习和总结，在各"站点"任务驱动下，能更好地实现"教、学、做"一体化。每个"站点"既紧密联系，又各有侧重，一次重点解决一个问题，让学生的注意力更加集中，能够更好地突出重点、难点。"站点"的分散能够有效解决时间、空间等问题，能够提高学生学习的主动性效率；增加组内各成员的沟通，形成目标一致、相互依赖的团队，促进个体主动学习，使学生个人的沟通能力、社交能力、知识综合能力，以及部分学生的管理能力得到锻炼和提升；同时在解决矛盾冲突的过程中渗透了评判性思维的训练。

站点式教学真正落实和加强了学生的个别化指导，解决学生在课堂上"吃不饱"和"吃不了"的教学矛盾，为个别化教学找到了一种新的教学方法、开拓了一个新的思路。

3. 利用站点式教学提升新教师个别化教学辅导能力

在设计与实践站点式教学的过程中，教师的个别化教学辅导能力也在同步提升。首先，教师在设计站点式教学的过程中，对教材内容分析得更加透彻，对教学重难点的把握和设计也要更加到位。这让教师在教材研读上有了更多的学习和更多的关注，从而提升教师专业上的研究能力；其次，教师对学生情况的把握变得更加细致，对于学生个体差异性的关注度也随之提高，个别化教学意识在不断增强，为实现因材施教、不同个体都能得到发展而注重练习的分层设计；再次，教师在站点式教学的实践过程中，提升了课堂管理和组织能力，同时增强了与学生面对面的个别化指导的联系，有利于和谐师生关系的发展。教师还能在课后根据学生"站点轮换"的情况进一步地培优补差；最后，教师在每一次的"站点轮换"教学后，根据学生的学习情况及所学知识进行灵活的"站点"容量和难度设计上的调整，在记录、追踪和调整设计的过程中，进一步提升设计教学的能力和对学生个体的分析能力。

　　单纯的"站点轮换"作为教学组织形式不能完全适应教学的需要，它是一种教学形式上的补充，而将"站点轮换"与集体学习的课堂组织形式相结合，可以使得课堂教学更加生动、灵活、丰富，更加适应现代学生的发展需求。"站点轮换"不是一个固定且僵化的教学模型，教师可以根据实际情况对"站点轮换"中的一些元素进行改变，也可以将"站点轮换"与其他教学组织形式相结合，形成新的个性化学习模式，从而使课堂教学更加符合实际学情。

第七节　学生参与式评价——以教师对学生的学习诊断能力为例

内容提要：

学生的学习状况是教学效果的直接体现。学生参与式评价，即学生直接参与对教师的教学评价。在此过程中，教师通过学生的反馈，发现教学过程中存在的问题，从而调整教学策略，提高教学效率。此外，教师依据评价反馈信息及时掌握学生的学习效果，对学生学习进行诊断分析，调整教学计划。利用学生参与式评价，可以大大提升新教师对学生的关注度，在意识和行为上体现教学过程中学习者的重要性。

学生在数学学习中参与评价是数学教育评价中的基本环节。有效的评价反馈可互惠"教"与"学"双方：学生能从评价反馈中看到自己在学习过程中存在的问题并改进学习方法；教师再依据评价反馈信息及时掌握学生的学习效果，对学生的学习进行诊断分析，调整教学计划，改进教学方法，从而提高教学质量。因此，教师要重视指导和培养学生参评反馈的能力。

一、运用参与式评价，激发学习动机与兴趣

（一）参与式评价有效提高元认知能力

美国儿童心理学家弗拉威尔最早提出元认知概念，即关于个人自己认知过程的知识和调节这些过程的能力，它对思维和学习活动具有控制作用。元认知是由元认知知识、元认知体验和元认知监控组成的，而参与式评价就是要求学

生对学习知识进行再认识，积极主动监控学习成效。因此，学生进行参与式评价能提高其元认知能力。

1. 参与前置性学习评价建立元认知意识

例如在教学人教版三年级下册"除数是一位数—商是多位数"的知识前，教师设置预习单，引导学生进行前置性学习评价，把学生对知识的不完整理解、错误观念和对概念的直观解释呈现出来，通过对知识的再认识和反思，让学生逐步建立元认知意识。

2. 参与辩论式评价进行元认知体验

在数学学习中，学生要先认识到自己学习的错误，再重新思考学习过程，获得正确的解题思路。课堂上的"辩论式评价"，是让学生的思维在进行快速的分析、判断和辨析后，修正原来的认识偏差，形成正确的认识。

例如学生在学习人教版四年级上册"除法的运算定律"知识后，教师抛出一个问题，让同学们进行辩论："乘法有分配律，那除法也有分配律吗？"同学们对此各执一词。教师没有急着给出答案，而是指导学生用举例子的方法进行辩论更有说服力，然后让学生在小组内进行辩论，最后全班进行辩论。通过多次的辩论，无论是辩论选手还是在聆听辩论的学生，都深刻地认识到，不是所有的除法算式都能用分配律。

又如在教学人教版三年级上册"长方形周长"时，教师给出一个长方形，让学生通过量一量，计算长方形的周长。一名学生将长方形的4条边测量出来后加起来，另一名学生马上举手，说："老师，这样太麻烦了，我还有更简单的方法。我只需要量2条边就可以求出长方形周长了。"被反驳的学生不服气地问："你为什么量2条就可以？"这位同学很神气地回答："因为长方形的对边相等，我只要量一条长的长度再乘2，再量一条宽的长度乘2，最后将它们加起来就可以了。"还有思维灵活的学生发现，可以先将长和宽加起来再乘2，因为长方形有两组长和宽。

在辩论的过程中，学生亲身参与元认知体验，不仅更清晰地寻找到自己错误的原因，也找到了正确的解题思路。课堂上的辩论并不是为分出胜负，而是让学生寻找到对答案的不同理解，能自主修正错误的答案，更好地掌握知识，同时让学生更加积极地参与数学思考，提出自己不同的见解。

（二）树立评价榜样，促进自信心建立

在小学阶段，学生会盲目崇拜教师，认为自己的教师都是知识渊博的人，希望能学习和模仿教师。因此，教师在评价学生的时候，要注意评价内容的具体性和真实性，评价语言要严谨，评价要及时，不可随意评价学生，因为教师对学生的每一次评价都将成为学生学习的目标。在学习过程中，对于参评反馈较好的学生，教师也可以将他们树立为学习榜样，带着学生一起观察和分析，这些学生的评价反馈好在哪里？我们可以怎么做，也能做好评价反馈？学生在每一个榜样的观察、模仿和学习过程中，都会不断地提升评价反馈的能力。

二、利用参与式评价，提高数学学习诊断

（一）指引学生参与评价，做好课前学习诊断

美国斯坦福大学教授舒尔曼提出：优秀的教学设计需要充分考虑学生的实际情况，突出对学生的理解。"实际上，缺少对学生的了解和尊重，缺少对学生主体地位充分体现的设计，无论如何都是失败的"。而课前的学生学习诊断，正是强调对学生基础情况的具体分析，以学生的发展为主，使备课真正为提高课堂教学的效率服务。

1. 分析学生已有的知识基础及认知发展特点，找准学习的"新起点"

教师对于课前学生学习的诊断，大部分会集中在学生已有知识的基础上，旨在摸清楚学生对学习内容的知识经验储备，但容易忽视学生的"认知特点"，不能精准地明确学生对于新知识学习存在哪些"固着点"。因此，教师不但要分析学生已有的知识基础，而且要分析学生的认知特点，只有将两者结合起来，才能更有针对性地突破新知识的学习。

2. 从学生已有经验出发，分析学生的学习需要，激发学习的"兴趣点"

例如在教学人教版四年级下册"加减法的简便运算"一课时，教师通过竞赛游戏引入：将全班同学分成两大组，分别做两组不同的计算题，看看哪组完成得比较迅速。教师重点指引学生学会观察和分析。

A组题目：

| 400+300 | 80+412 | 550–500 | 353+100–1 |

B组题目：

| 475+301 | 99+412 | 550–458 | 353+99 |

比赛结束，做A组题目的学生完成得又快又正确，但做B组题目的学生只完成几道题。这时，学生都在下面大喊不公平，纷纷表示A组的题目都是一些整百、整十的数，更加方便计算。学生通过之前的知识储备及实践练习会发现，进行加减法计算时，出现整百、整十数会更方便计算。教师适当点拨："今天就利用已有的知识和经验，将B组的算式大变身，用最简便的方法，自己尝试去解决问题。"

在这一节课中，教师的教学目的在于使学生理解、掌握一个数加上（或减去）一个略小于整十、整百数的简便算法，能够合理、灵活地进行简算。在此之前，学生已经有了一定的计算基础，通过2组算式的对比分析，得到整十、整百数加减法计算起来更加简便的经验，这是学生的"已知"。教师以竞赛的形式开展，激起了全班学生的情感共鸣及学习兴趣。而对于B组类型的题目，"是否能利用已有的知识和经验将其大变身，通过算式的特点综合运算方法，使计算又快又对"，这是关注学生的学习需要。教师通过分析学生的学习需要，进行合理的铺垫及有效的引导，激发学生探求方法的积极性，让学生在充满兴趣的教学环境下"想学"和"享学"，最大限度地拓宽"思考"的空间。因此，教师在课前应注重：教学内容要以什么形式引起学生的兴趣和思维，形成学习需求，成为课堂的"亮点"或学生的"兴趣点"。

3. 分析学生掌握的数学学习方法，从新旧知识的联系出发，找准新知识的"生长点"

对于课前的学习诊断，教师要利用好学生参与评价反馈的信息，分析学生已掌握的数学学习方法，为新知识的学习和掌握提供方法上的支持。

（二）让评价贯穿教学中，关注课中学习诊断

苏霍姆林斯基说过："教育的技巧并不在于预见到课的所有细节，而在于根据当时的具体情况，巧妙地在学生不知不觉之中做出相应的变动。"课堂上教师要致力于获得学生的学习情况，及时进行分析诊断并做出相应处理，顺应学生的认知规律，遵循学生的思维，巧妙利用并生成资源，才能真正做到因材施教，大大提高课堂的教学效率。

有效教学要求教师必须全面分析和诊断学生的学习情况，同时要关注个体的差异。一个开放性的问题，可以帮助教师捕捉到更多、更丰富的生成资源。这些资源能真实、全面地反映出学生在解决问题时的思维差异和存在的问题，使得教师能更全面地了解学生当前的学习状况，及时地分析诊断和有效地利用，可以协助教师调整教学设计、灵活开展教学活动。因此，在课堂教学过程中，教师可通过以下方法来进行学生学习诊断：（1）观察状态，学生是否认真倾听，眼神游离或无精打采等就是对本次学习内容不感兴趣的信号；（2）互动交流，通过提问、发言、讨论等形式，了解学生是机械性学习还是自主探索主动思考学习，对知识点的理解是否正确，挖掘思维亮点；（3）练习反馈，通过层次分明的练习，了解学生对学习内容掌握的程度，哪些地方还存在疑惑。

（三）延续评价，做好课后学习诊断

课后的学习诊断是对课前、课中和课后的一个全面总结与分析，是新一轮教学设计的起点。课后学生学习分析，是对教师的教学目标完成得如何、学生学了什么、对这节课的评价是怎样的进行的一个汇总，而且对于学生的持续性学习、教师教学的改进都具有重要的意义。以下利用教学情境案例对课后学习诊断展开研讨分析。

1. 利用谈话，做好课后诊断资源收集

李静是新入职两年的教师，她喜欢下课后找学生谈话。每次随意的谈话，都能让李静了解到学生课堂学习效果，也能发现自己教学中的不足，从而不停思考和改进自己的教学方法。到后来，她还设计了课后学习诊断小卡片，让学生每节课后对自己的学习进行评价，也可以给教师的课堂教学改进提出建议。

2. 利用小测，做好课后参评反馈分析

小林是入职两年的新教师，现在他任教四年级。在最近的教学中，他遇到了疑惑。在人教版四年级下册第六单元"小数加减法"备课时，小林发现，例1的知识点在三年级"小数初步认识"中已学过，所以小林将例1和例2整合到一起进行教学。课堂上,小林观察学生都学习得不错,但是当小林批改课堂小测时,发现学生计算的正确率不高,特别是不同数位的小数相加减。例如"27.6+0.34",这道题错误率最高,很多学生直接回答等于31。不知道学生为什么这样做,于是,小林重新翻查《人教版三年级下册:简单小数加、减法》和《人教版四年级下册:小数的加法和减法》进行知识点的对比和分析。在进一步的分析中,小林发现,三年级学生重点学习一位小数的加减法计算,数位都是相同小数的加减法计算;而四年级学生学习了多位小数,所以在小数计算中加深了难度。四年级小数加减法例1是多位小数但小数位相同的计算,方便学生理解相同数位对齐的算理知识;例2的学习需要学生在熟练掌握例1知识的基础上,进一步地学习数位不相同的小数加减法计算。

小林在小测中发现学生存在的问题,进一步找相关资料进行查阅和分析,寻找到课堂教学中的缺失,并及时调整后面的教学,及时纠正学生的错误学习,为学生后面的数学学习打好基础。

三、巧用参与式评价,培养良好的学习习惯

(一)多样的评价方式齐进行

传统的教育教学中以教师对学生的评价反馈为主。单一的评价反馈方式让学生的学习依赖教师,没有自主独立的学习评价反馈能力。学生的学习评价反馈可以采用多样的方式进行。比如,教师可以采用同桌互相评价的方式;可以采用小组长评价组员的方式;可以采用教师先评价个别学生的学习,再让这些学生评价其他同学的方式;可以通过典型的评价案例,指导学生如何进行好的学习评价反馈;可以在课堂上带着学生逐步自我评价;可以鼓励家长对学生在家学习进行评价反馈。通过不同方式的评价反馈,学生能更全面地认识自己的学习情况,也能更好地调整自己的学习。教师通过多样的评价,更全面地收集学生在学习过程中的缺失,能制定出更有针对性的教学活动。

(二)善于使用数学书和教学用书的评价建议和评价样例

人教版每一册数学书单元结束后都有"成长小档案"的单元评价,还有数学书最后一页"自我评价"详细评价内容。教师可根据这些评价内容指导学生

坚持每天参与评价活动，让学生将参与评价作为一种常态行为。教师用书中，每个单元结束后都有"评价建议与评价样例"，详细介绍本单元的评价内容和建议；为了方便教师进行评价，还设计了适当的评价题。教师要善于使用现有的评价表和评价建议，使参与式评价更科学和有效。

（三）设计丰富且有针对性的评价单

已有的评价表和评价建议不一定适合每次的教学和每位学生的学习，因此，教师可根据学生特点和教学缺失，与学生共同设计丰富且有针对性的评价单。评价单可以是课堂中学习评价反馈记录表，也可以是在家里由父母完成的学生评价反馈表。教师将学生每次的参评反馈表收集起来并组成一本成长手册，让学生对比不同阶段的参评反馈表，反思和改进自己的学习。

四、深化参与式评价，提升数学核心素养

数学核心素养是人用数学观点、数学思维方式和数学方法观察、分析、解决问题的能力及其倾向性，包括数学意识、数学行为、数学思维习惯、兴趣、可能性和品质等。参与式评价不仅包括对学生学习或教师教学的评价，还有对事物发展的评价，通过评价发现事物的本质，寻找事物发展规律，科学且客观地认知事物。

（一）在合作探索中创造新知

学生在合作探索时经历了观察、实验、猜想、证明和评价的过程，这就是思维创新的体现。同时，合作探索活动能让学生更好地理解数学意义和解决问题。例如在教学"组合图形的面积"内容时，教师给出例题信息，让学生独立阅读例题已知信息，观察"房子侧面墙"的形状特点。教师指引学生在小组合作学习中利用折一折、剪一剪、拼一拼等方法，猜想是否能将不规则图形变成已学过的规则图形，最后让学生探索实验后出现的简单图形跟原来图形之间的关系。探索后学生发现，在操作实验过程中将"房子侧面墙"变成了几个已学的简单图形，但是它们之间的面积没有改变。学生通过合作探索，创造了新的数学思维——图形转化思想，为进一步学习几何知识奠定了数学思维基础。

（二）在解决问题中形成策略多样化

新课程改革中要求："教学内容的呈现应采用不同的表达方式，以满足多样化的学习需求。"这就要求教师在学生解决问题时引导他们从不同的角度进行思考。学生通过合作探索形成了图形转化思想，将复杂不规则图形转化为简单图形。在合作探索中，学生将图形转化成以下几种图形再进行面积计算：

第一种：利用上下拆分方法，将图形拆分为一个三角形和一个正方形（见图3-7-1）。

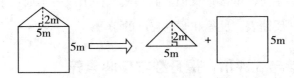

图3-7-1　上下拆分法

第二种：利用左右拆分方法，将图形拆分为2个梯形（见图3-7-2）。

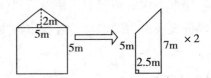

图3-7-2　左右拆分法

第三种：在原来图形基础上补充2个小直角三角形（见图3-7-3）。

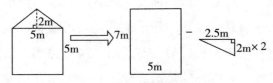

图3-7-3　填补方法

第四种：将图形左右拆分，再旋转和拼接，组合成一个长方形（见图3-7-4）。

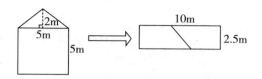

图3-7-4 左右拆分后再拼接方法

教师预留充足的时间让学生进行探索和思考。对于不同的思维方法，教师给予学生指导和肯定。对于第一种和第二种转化方法，较多学生能独立完成；对于第三种和第四种转化方法，较少学生能想到。经过观察、分析、比较的学习，学生能掌握多种不一样的解题方法。通过这样的策略多样化展示活动，学生的思维像开闸的洪水一样流畅。在后面的练习中，学生都积极思考更多的解题方法。教师在适当的时候引导学生选择最优方法进行解题，进一步培养学生数学优化思想。

（三）在学习体验中增进情感价值

"组合图形的面积"这一节课，从课前操作练习到课中学习，再到课后的实践问题解决，教师都在引导学生用数学思维观察生活，发现生活中的数学知识，探索生活与数学的联系，促进学生思维能力的成长，加深学生的数学感悟。学生在课前"拼一拼"学习中感悟数学无处不在；在课堂上与同学讲解所拼图形的活动中感悟动手操作的成功感；在知识探索验证活动中感悟数学方法多样化的自豪感；在课后练习中感悟用数学知识解决生活问题的喜悦感。教师只有将学生真正放到学习主体中，让学生充分体验学习，才能让学生真正感悟到数学的学习乐趣，才能有效地提升其数学素养。

第八节　撬动式研修——以教师教育技术应用能力为例

内容提要：

撬动式研修，即在对小学数学新入职教师进行培训时，通过仿真情境案例的设计，以问题导向，以任务撬动研修，使每位学员带着任务去学习、带着目的去培训，切实提高教师们的主观能动性，以此鼓励新入职教师积极主动地参与到实践过程中，将丰富多样的教育技术与课堂教学实际进行有效结合，切实提高新入职教师的教育技术应用能力。

近年教育信息化不断推进，在教育教学改革、课程整合、教师专业化的大趋势下，要求教师具备一定的现代教育技术素养和应用能力。新入职教师是教育事业的生力军，肩负着课程发展与未来教育的重任。为了促进新入职教师的成长与发展，需要组织开展相应的专业培训，带动新入职教师主动发掘适合小学数学教学的教育技术功能，利用教育技术丰富教学情境、强化活动过程、革新教学手段，促进新入职教师信息素养的形成。

一、新入职教师现代教育技术的应用现状

1. 对现代教育技术的认识和态度

根据文献研究和对广州市白云区近五年新入职教师的访谈可知，绝大多数教师意识到了现代教育技术对教学的优化和促进作用，对现代教育技术持赞成态度。但研究结果同时也显示教师们没有从根本上把教育技术与课堂教学联系

起来，存在重技术、轻应用等问题。

2. 教师教育技术应用能力现状

对广州市白云区近5年新入职的小学数学教师进行了问卷调查，结果显示，超过90%的教师能熟练地操作计算机，对于通用类的教育技术，如Word、Excel、PowerPoint、电子邮件等掌握较熟练，能使用这些技术完成日常工作；但很多新入职教师对专用类的教育技术，如几何画板、101教育PPT、微课等缺乏了解，更谈不上应用。

3. 教育技术在教学中的应用情况

研究表明，大部分新入职教师应用现代教育技术的频率较高，但大多数教师只是将教育技术作为一种收集和演示信息的工具，技术的应用活动成了传统教育活动的"附属活动"，如教学中只是利用多媒体将课本内容放大、在网上搜索教学课件直接应用于教学，而并没有根据学生的学习情况和教学内容组织灵活多样的、有效的课堂教学。

二、目前对教师教育技术应用的培训情况

据调查，教师掌握现代教育技术的方法依次为校本培训、远程培训、教育主管部门培训、看书自学及其他。绝大多数教师参与了各种教育技术模块培训，大部分是技术方面的培训，如微课制作、视频编辑、多媒体课件制作等。各种形式的教育技术培训一直在进行，但是效果不乐观的原因是：培训偏重于"基本技术技巧"，培训内容多停留在技术层面，即如何操作和使用计算机及网络，而不大顾及如何利用计算机和网络来开展学习、教学和研究，更未告诉教师如何在课堂教学中恰当、自如地运用技术，如何把技术与课程融合为一体。

三、有效提高新入职教师教育技术应用能力的策略

（一）撬动式研修激发新入职教师内驱力

对小学数学新入职教师进行培训，需要鼓励新入职教师积极主动地参与到实践过程中，将丰富多样的教育技术与课堂教学实际进行有效结合，从而提高新入职教师的教育技术应用能力。对新入职教师教育技术应用能力的培训，可

以通过仿真情境案例的设计，以问题引导，以任务撬动研修，使每位学员带着任务去学习、带着目的去培训，切实提高教师们的主观能动性。

（二）根据学科特点融技术于课程教学各个环节之中

从教学中来，到教学中去。教育信息化的核心应是信息技术与教育教学深度融合，其推进的关键是信息技术在教育教学各个环节中的有效应用。

1. 课前准备的得力助手

根据课程标准提出的要求，小学数学教学要广泛应用现代化信息技术，为学生提供更加便利的学习条件，使学生能够积极主动地进入数学课堂教学过程中。因此，教师可以将各种教育技术，如PPT、微课等应用于教师备课的过程中，利用丰富的教学资源进行充分的课前准备。

2. 课堂教学的多维拓展

将教育技术应用于数学教学之中，通过技术创设更加丰富、有趣、贴近学生生活的情境，激发学生的学习热情；利用教育技术，将静态、抽象的知识转化成动态、直观的素材，将一些重、难点的知识变得有趣、形象、易懂，拓宽课堂容量，拓展学生学习的时间与空间。

例如"条形统计图"一课需要统计一个路口20分钟内几种机动车通过的辆数。这是一个很好的教学素材，但因被统计的数据是移动、不可控的，教学时很难实施。这时，教师可以充分利用技术加以解决，如录制学校附近路口早上通过的车辆视频，上课时根据学生选择的收集数据的策略进行情境视频播放，引导学生积极开动脑筋，对比及思考对动态的数据进行收集的最优方法，进而调动学生的参与意识。

3. 课后延伸的有效拓展

传统的教学在有限的课堂时间、空间内难以开展有针对性的学习指导，而网络资源的学习却能突破传统课堂的时空束缚。教师可以利用教育技术手段进行在线教育和补充，如将统计与概率的教学中的重难点知识录制微课、难点解析视频或课件，利用网络推送给学生，引导学生开展深入学习或复习。学生通过反复观看、学习，逐步完成对知识的深入理解和深度掌握。依托于信息技术搭建的网络平台，还可以更好地实现师生之间的交流沟通，构建出课堂外的开放式教学平台，共享和生成教学资源，帮助学生拓宽视野。

（三）构建教育技术应用于教学的多种模式

在培训中引导新入职教师构建教育技术与教学融合的多种模式，使之在课堂教学中恰当、自如地运用教育技术，把技术与课堂融为一体。

1. 多媒体演示模式

教师借助课前准备的课件、视频等，通过多媒体进行生动形象的展示。上课时，师生随着课件的翻页播放，一步步开展"教"与"学"的活动。

2. 基于网络平台的探究式合作模式

教师在网络平台提供相应的知识，如微课、导学案等，让学生在网络环境中以小组为单位开展课题研究式的合作学习。

3. 教育技术驱动下的综合型模式

此种模式融合了传统教学与线上教学，分为线上和线下两个方面：线上以微课形式为主，线下进行课堂学习。教师组织学生在线上学习的基础上开展自主探究，促成学生主动获取、整理和处理数学信息的能力，更加全面、深入地理解学习内容和学习方法，使学生从被动学习转变为高效地自主学习。

例如在教学概率与统计部分数学知识"统计表的制作"时，教师就可以尝试着构建综合型的课堂教学模式，将线上教学与线下教学进行有效结合。线上通过微课的形式进行教学。学生观看统计表制作方面的微视频，初步对统计表制作的方法及统计表的类型进行了解。教师在此基础上引导学生进行自主探究，尝试着利用线上微课视频学习到的相关知识，分析解决线下教学过程中教师展示的具体问题或者课本中的实际问题，并且逐步掌握统计表绘制的方法与技巧，学会区分单式统计表与复式统计表的使用条件。

通过这样的方式，让新入职教师将学习到的教学技术应用到实际教学过程中，并且及时地进行总结，发现自身在教育技术应用方面存在的不足，寻求有效的方法进行改进，从而有效提高新入职教师的教育技术应用能力，促进小学数学教育教学的创新发展。

第 四 章

小学数学新教师发展路径与实现方式

　　培训不等于教师专业发展，教师培训与教师发展的出发点不同。在思考问题上，教师发展关注教师主体的自觉学习与研究，教师掌握的是学习能力与改进教学行为的能力；教师培训是以培训者为立场对教师实施方法与策略，教师是被动的接受者。当然，教师培训可以成为教师发展进程中的一种方式，但是两者是不能相提并论的。

　　要思考小学数学教师的发展路径，首先要关注当今教师成长方式的转变。在一次问卷调查中，关于"培训方式"的选择，43.73%的90后教师选择"自主研修"；关于"你曾使用的教学方法有哪些"，42.06%的90后教师勾选了"我自己的方法"一项。当下的新任教师不再是被动接受知识的新生，而是要彰显自我价值的主动者与创新者。所以，以行为科学为基础的、技术训练型"教师培训范式"，要向以认知科学、建构主义为基础的，主张反思性实践的"教师发展范式"转变。在这种范式下，小学数学新任教师的发展路径有哪些？实现方式又如何呢？

一、撬动式自主研修激发新任教师内驱力

　　撬动式自主研修就是利用任务引领，组织教师自主学习、解决问题，从而使教师获得多方面的进步。"撬动"的意蕴是打开教师主动学习的意识，激发教师学习的内驱力与学习行为的保持。阅读，是教师成长的重要活动，更是新任教师掌握学科知识、教育知识的快速通道。撬动式自主研修的其中一个任务

就是引领教师开展阅读学习。介绍以下两种实现方式：

1. 利用数学史撬动教学深度思考

让新任数学教师读懂、读透、读活数学史，是提升教师数学专业知识、增进教师课堂教学深度的有效策略。"小学数学教师读数学史，不是为了教数学史，而是为了教数学"，是为了更好地教数学。读史是用史的基础，而用史主要用于数学教学实践。数学史进课堂，不是在教学中进行历史复原，而是从中发现人、发现规律，这才叫读透、读活。一位教师知道了一段数学史实，他所设计的教学能有多大的创新性和发展性，取决于他有没有读透、读活数学史。在这样的过程中，教师的专业就会更为厚重，视野就会更为宏大，思考就会更为深刻。教师只有把握人类认识提升的路径和过程，才能对孩子们应该如何学习做出更为理智的判断。

2. 利用阅读笔记撬动语言和精神同构

写阅读笔记可以成为撬动式自主研修的另一个任务设计，也是组织教师开展阅读学习的有效实施策略。写阅读笔记可以克服阅读时只看不记、只看不思的缺点。语言和精神同构，是写阅读笔记的最大优点。在阅读中思考，在阅读中提炼，让教师习惯写阅读笔记，是很好的学习方法，因为其不仅可以积累资料、分类整理，还可以培养良好的学习习惯和学习品质。指导教师根据自己的喜好与需要，选择适合的阅读笔记方式，如符号笔记、批注笔记、摘抄式笔记、提纲式笔记、提要式笔记、读书心得等。

撬动式自主研修着眼于任务驱动，着眼于教师的自我领悟，是教师发展的重要路径。

二、同伴式校本研修提升新任教师反思力

与同事交流是教师获取教育教学知识的最重要来源。新任教师的发展离不开工作反思，离不开与同伴的协同发展，特别是与优秀的工作伙伴之间的交流与共进。以校本研修为途径的新任教师发展策略，重在教师自身生发研究主题，由教师自行寻找工作伙伴进行合作学习与研究。每一位教师都可以成为同伴的引领者，共同在探索学习中进步，甚至是学生，也有可能成为新任教师成

长的助力者，其具体实现方式如下：

1. 微型问题研究

微型问题指的是教师在日常教学中产生的有教学改进意义的小问题。例如在学习平面图形周长的时候，学生解决问题的正确率很高，但是为何学习了"面积"之后就容易出错了？问题出在哪里？怎样解决？又如学生计算320除以30，余数是2还是20呢？怎样让学生更好地理解？微型问题一般指向教师执教过程中的"小问题"，与小课题研究不完全相同。小课题研究规划性比较强，而微型问题研究的适时性比较强，应用比较及时，可谓适时产生，及时解决。往往今天发现的问题，通过一定的文献学习、调查、研究，几天或一周便可以解决，并随即应用在教学改进之中。微型问题研究属于校本教研的范畴。让新任数学教师开展微型问题研究，可以增强教师的问题意识。基于教学微型问题生发的研究，是切实提升教师问题意识的极佳策略。

2. 学生参评反馈

教师的教学对象是学生。实质上，教学是否成功体现在学生身上。新任教师往往对学生不熟悉，他们对学生的了解与教学经验，大多来自儿时的记忆。在课前备课环节与课后反思环节，教师如果让学生参与进来，那么学生朴素的反馈可以极大程度地加深教师对学情的了解。所以，新任教师要把学生看作工作同伴，师生教学相长，为教师发展助力。

例如有一位新任数学教师在教学"位置"一课后，与学生展开了访谈。访谈主要围绕以下2个问题：老师设计的PPT是否清晰明了？你认为课后比课前进步的地方在哪里？教师在班上选择了3个水平的学生共6人展开访谈。结果表示：中等水平以下的学生认为教师精心设计的PPT课件很漂亮，但是不明白为什么与课本上的插图有不一样的地方；优秀水平的学生表示在课后没有比课前获得进步。于是，这位教师的反思是：今后的教学素材设计需要与教材密切结合，可以在数学教学中加设分层教学目标，为优秀学生提供提升的机会。

三、区域中心组集中研修增强新任教师执教能力

新任教师的教研团队扩充到区域层面，可以给教师带来更多的资源与平

台。在区域层面成立中心组集中研修，可以针对不同阶段教师的水平与特点，设计教师研修项目，提升新任教师的执教能力，是新任教师发展的有效路径。下面介绍两种实现方式：

1. 基于教师关注阶段的主题式分组

关注是指教师"对某特定问题或任务的情绪、疑虑、想法和思考"。教师关注的不同发展阶段在某一个所关注的事物上会有一定的更迭变化。富勒（F. Fuller）指出，随着教育经验的积累，准教师将经历四种关注水平：无关关注、自我关注、任务关注、影响关注。在关注的最后阶段，教师考虑的是教学对学生产生的影响及如何改进教学有效性等问题。教师关注的方面有阶段性，也有更迭变化，这个阶段性是由教师的成长经验所决定的。在关注阶段的前期，教师会更多地关注班级管理与理解教材；在任务关注阶段，教师会更多关注教学表征与教学设计；在影响关注阶段，教师会倾向关注学生表现与学习结果。

教师关注的方面就是教师认为重要的方面，或是他们遇到的困难，还可能是迫切想解决的问题。依照新任教师关注阶段发展的特点，在区域中心组对新任教师的引领中，可以把教师所关注的内容作为主题，将新任教师进行分组，以中心教研组的方式开展新任教师研学活动。各个小组，每年一次更迭主题。新任教师在分组研学中，每年都可以围绕主要关注的内容开展学习研究，从而获得提升与发展。

2. 情境案例教学

情境案例教学法可以提高教师的实践性知识。情境案例教学法是指根据一定的培训目的，把现实中真实的情境进行典型化处理，将教学过程置于一个模拟的、特定的情境中，形成供教师思考分析和决断的案例，通过独立研究和相互讨论的方式，来提高学员分析问题和解决问题能力的一种方法。新任教师在掌握理论知识的前提下，凭借事先设置的实情实景，感受氛围，继而运用已学知识，对教学案例进行剖析，既动口动手又动脑，在这种虚拟的教学场景和角色代入中体验其中的感受，在开放式的培训中发现问题、分析问题和处理问题，成为培训的"主演"。

例如在"如何提升新教师的教学调控水平"这个问题中，新任教师要学会把握学生生成的回答调整教学进程。优秀教师的预设与生成是如何把握的？针对这个问题，在新教师培训中可以引入"分段式"情境案例教学：先播放一段优秀教师的课例视频，呈现课堂某个片段，然后由新教师在导师的指导下演示并研讨如何完成该片段的"下一步"，最后再继续播放课例的余下部分。这样，将新任教师的思考、演示与优秀教师的实例进行对照，就会让新任教师在对照中找到自我提升的途径。

其实，情境案例教学更多用于对新任教师的教学表征训练。在小学数学课堂教学中，教师需要对教学内容进行加工和处理，我们称之为"教学表征"。教学表征是教师对特定学习内容的呈现和表达，是把数学知识转化成易于学生理解的方式。教学表征的恰当使用，直接关系到学生学习的效果。新任数学教师往往不善于运用教学表征转化教学难点，而情境案例教学可以模拟现实教学问题，训练教师的教学表征能力。

新任教师是教师中的新生力量。结合主题引领、任务先行、自主发展的教师培养策略，在主张反思性实践的"教师发展范式"下，撬动式自主研修、同伴式校本研修和区域中心组集中研修等，成为当下小学数学新任教师发展的重要路径。

参 考 文 献

［1］姜勇，阎水金.教师发展阶段研究：从"教师关注"到"教师自主"［J］.
上海教育科研，2006（7）.

［2］宿倩倩.小学教师关注阶段调查研究——以P市3所小学为例［D］.曲阜：
曲阜师范大学，2016.

［3］顾小清.面向信息化的教师专业发展［M］.北京：教育科学出版社，2006.

［4］尹弘飚.课程改革中教师关注阶段理论的研究述评［J］.比较教育研究，
2004（8）.

［5］顾泠沅，杨玉东.关注数学教育研究的方法论基础——以一项教师教育的
行动研究为例［J］.数学教育学报，2004（4）.

［6］蔡宏圣.数学史走进小学数学课堂［M］.北京：教育科学出版社，2016.

［7］钟菲.情景模拟与案例结合教学法在护理学基础实训课中的应用［J］.医
教实践，2015，19（25）：35–42.

［8］费伦猛.如何做小课题研究［M］.广州：中山大学出版社，2018.

［9］曹才翰.数学教育学概论［M］.南京：江苏教育出版社，1989.

［10］段志贵，陈宇.合格初中数学教师学科教学知识研究［J］.数学教育学
报，2017（2）.

［11］鲍银霞.小学数学教师MPCK的调查与分析［J］.全球教育展望，2017，
46（6）.

［12］王子兴.论数学素养［J］.数学通报，2002（1）.

［13］栗洪武，秦丽霞，龙宝新.教师实用教学技能［M］.西安：陕西师范大
学出版社，2012.

［14］徐志丽.教师课堂掌控能力提升的探索与实践［J］.高教学刊，2016（8）.

［15］陈向明.在参与中学习——成人培训方式的更新［J］.教育理论与实践，2003（4）.

［16］苏霍姆林斯基.给教师的建议［M］.南昌：江西教育出版社，1985.

［17］张铁道.关于体验式教师培训方法的个案研究——兼论促进成人学习的若干教学原则［J］.教育科学研究，2001（5）.

［18］朱萍.站点轮换，让小组学习动起来［J］.上海教育，2018（35）.

［19］徐译瑛.建构主义理论视阈下的"站点轮换"混合式学习在大学英语教学中的应用研究［D］.长春：吉林大学，2019.

［20］李莹.基于行动导向的"站点式"学习法在护理教学中的实践与探索［J］.卫生职业教育，2015，33（3）.

［21］胡毅.站点轮换：混合式学习的一种模型［J］.上海教育，2020（2）.

［22］陈春梅.小学数学小组教学中的问题与对策研究［J］.中华少年，2017（3）.

［23］申永辉.小学数学小组教学中的问题与对策［J］.天天爱科学，2016（18）.

［24］王英.小学数学教学中的困惑思考［J］.中华少年，2015（30）.

［25］王黎黎，周燕萍.小学数学教学评价改革探析［J］.小学教学参考，2015（24）.

［26］卢江，杨刚.义务教育教科书教师教学用书［M］.北京：人民教育出版社，2014.

［27］罗玉英.研读教师教学用书　提升驾驭课堂能力［J］.学校教育研究，2018（5）.

［28］汪飞飞.教师从整体视角研读数学教科书的现状与省思——以初中数学教师为例［J］.初中数学，2019（5）.

［29］张奠宙，巩子坤，任敏龙，等.小学数学教材中的大道理——核心概念的理解与呈现［M］.上海：上海教育出版社，2018.

［30］曹培英.跨越断层，走出误区："数学课程标准"核心词的解读与实践研究［M］.上海：上海教育出版社，2017.

［31］小学数学课程教材研究开发中心.义务教育教科书教师教学用书［M］. 北京：人民教育出版社，2014.

［32］侯怀银.让阅读成为教师的基本生活方式［J］.教育科学研究，2004（2）.

［33］方勤华.数学教师专业素养研究［M］.哈尔滨：黑龙江教育出版社，2010.

［34］郑诗琦，王振宇.新课程改革以来我国教师阅读研究：回顾与反思［J］. 中小学教师培训，2019（12）.

［35］朱永新.阅读，是教师专业化的根本路径［N］.中国教育报，2019– 04–22（9）.

［36］胡典顺.教师MPCK发展的实证研究［M］.北京：科学出版社，2015.

［37］陈蓓.课例研究与教师数学学科教学知识（MPCK）的发展［J］.数学教育学报，2016（4）.

［38］林茶居.教师阅读学：一种探索——"大夏书系读书节"亲历者手记［N］. 中国教育报，2019–04–15.

［39］张昆.潜心教学阅读 实现专业成长——一个数学教师教学成长的心路历程［J］.中学数学杂志，2019（2）.

［40］龚孟伟.语文教师教材研读技能的培养与案例评析［J］.当代教师教育，2009（4）.

［41］于漪.教育魅力——青年教师成长钥匙［M］.上海：华东师范大学出版社，2013.

［42］刘萍萍.阅读成为习惯——语文阅读教学［J］.汉字文化，2020（14）.

［43］顾志红.教师：做反思性实践者［J］.上海教育科研，2005（5）.

［44］常海波，徐德明.基于元认知理论的课堂问题设计研究［J］.数学之友，2020（2）.

［45］蔡红.优化自我评价 促进学生发展——指导小学生数学学习中自我评价的实践与思考［J］.数学学习与研究，2014（22）.

［46］王迎曦.多元评价在小学数学学业评价中的运用与思考［J］.考试周刊，2021（4）.

［47］张灵涛.核心素养背景下小学数学教学中学生自主学习能力的培养［J］.

科学咨询（教育科研），2021（3）.

［48］胡典顺.数学素养研究综述［J］.课程·教材·教法，2010（12）.

［49］段志贵，秦虹，宁连华.从外延到内涵：数学教师专业发展研究走向——近年来数学教师专业发展研究述评［J］.数学教育学报，2017，26（6）.

［50］章勤琼，徐文彬.试论义务教育数学教师专业素养及其结构——基于教师专业标准与数学课程标准的思考［J］.数学教育学报，2016，25（4）.

［51］左浩德，郭婵婵.TEDS-M教师专业素养概念框架及对我国教师教育改革的启示［J］.教师发展研究，2017，1（2）.

［52］黄毅英，许世红.数学教学内容知识——结构特征与研发举例［J］.数学教育学报，2009，18（1）.

［53］张景焕，金盛华，陈秀珍.小学教师课堂教学设计能力发展特点及影响因素［J］.心理发展与教育，2004（1）.

［54］徐小群.小学数学和科学学科主题式整合的教学思考［J］.教学月刊（小学版）数学，2016（11）.

［55］马兰，盛群力.教师教学设计能力发展［M］.杭州：浙江大学出版社，2016.

［56］蒋俊.新教师课堂组织能力的培养策略［J］.课程教材教学研究：教育研究，2018（7）.

［57］简·尼尔森.正面管教［M］.北京：北京联合出版公司，2016.

［58］李秋丽.浅析小学数学教学方式改革［J］.西部皮革，2017，39（10）.

［59］张纪平.小组学习在小学数学教学中的应用分析［J］.中学课程辅导（教师通讯），2019（10）.

［60］张莹莹，朱丽，吴晓璐.基于数学核心素养的小学数学教学改革［J］.科教文汇，2016（9）.

［61］胡宇.小学数学教材"统计与概率"领域内容的比较研究——以"人教版"和"北师大版"教材为例［J］.基础教育课程，2016（15）.

［62］刘大林.信息技术创新教学在小学数学教学中的应用［J］.天津教育，2020（36）.